KB058217

제2법칙

손금을 보면

사람을 알 수가 있다

엄지로 보는 성격

엄지가 둥근 손가락의 성격
엄지의 가운데가 가는 형의 손가락 성격
엄지가 굴곡이 없는 일자형의 손가락 성격
엄지와 집게손가락이 90도 이상 벌어지지 않는 손가락 성격
엄지와 집게손가락이 90도 이상 벌어지는 손가락 성격
엄지가 긴 사람의 성격
엄지가 극단적으로 긴 사람의 성격
엄지가 큰 사람의 성격
엄지가 짧은 사람의 성격
엄지가 작은 사람의 성격
엄지의 끝이 활 모양으로 젖혀지는 손의 성격
엄지의 끝이 구부러지지 않는 손의 성격

인지 (집게손가락)로 보는 성격

집게손가락이 긴 사람의 성격
집게손가락이 극단적으로 긴 사람의 성격
집게손가락이 짧은 사람의 성격

중지(가운데 손가락)으로 보는 성격

가운데 손가락이 긴 사람의 성격
가운데 손가락이 극단적으로 긴 사람의 성격
가운데 손가락이 짧은 사람의 성격
가운데 손가락이 극단적으로 짧은 사람의 성격

약지(약손가락)로 보는 성격

약지가 긴 사람의 성격
약지가 극단적으로 긴 사람의 성격
약지가 짧은 사람의 성격

감정선 (애정선) 보는 법 / 144

손금을 보면 사람을 알 수가 있다

기본적인 손금

운명을 미리 알고 대처하면 운명은 바뀌어 진다

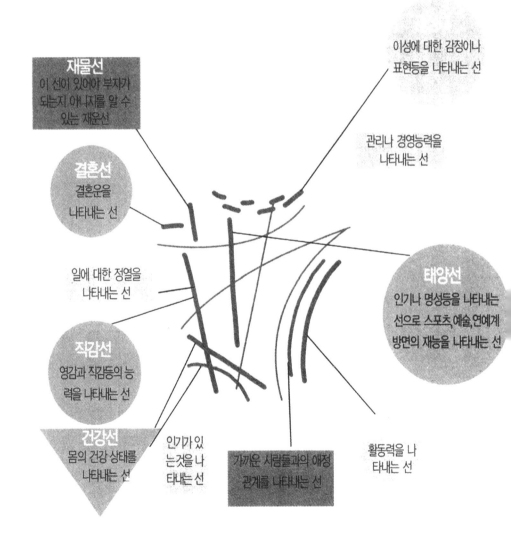

재물선
이 선이 있어야 부자가 되는지 아니지를 알 수 있는 재운선

이성에 대한 감정이나 표현등을 나타내는 선

관리나 경영능력을 나타내는 선

결혼선
결혼운을 나타내는 선

태양선
인기나 명성등을 나타내는 선으로 스포츠,예술,연예계 방면의 재능을 나타내는 선

일에 대한 정열을 나타내는 선

직감선
영감과 직감등의 능력을 나타내는 선

건강선
몸의 건강 상태를 나타내는 선

인기가 있는것을 나타내는 선

가까운 사람들과의 애정 관계를 나타내는 선

활동력을 나타내는 선

기본적인 손금

생명선

엄지와 검지의 사이에서 나와 엄지구와 손바닥의 중앙부에 우묵한 부분의 경계에서 아래로 달려 손목에 이르는 굵은 손금을 말한다. 생명선은 수명의 장단과 건강상태를 나타내는 것이다. 사람이 살아가는 가운데 제일 중요한 선일 것이다. 생명선이 굵고 게다가 깊고 길게 똑똑하게 뻗어나가 도중에 아무런 장애도 없고 흉한 기호도 없는 아름다운 담홍색을 가진 것이 제일 최상의 상이다.

기본적인 손금

두뇌선

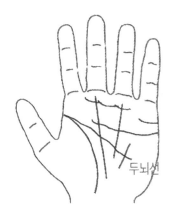

두뇌선

생명선과 대체로 같은 부분, 즉 검지와 엄지의 사이에서 나와 손바닥의 중앙, 혹은 비스듬히 월구 쪽으로 달리고 있는 굵은 손금을 말한다. 두뇌선은 지혜, 판단력, 직감력, 천분, 지능의 움직임을 나타내며 그 외에 생활력에도 중요한 영향을 주는 손금이다.

기본적인 손금

두뇌선 위에 있는 손금으로 새끼손가락의 아래에 옆으로 달리는 굵은 금을 말한다. 감정선은 조금 넓고 다소의 갈라진 손금과 흐트러짐이 있는 것을 좋은 상이라 한다. 이러한 손금을 가진 사람은 감정이 풍부하고 사회에서나

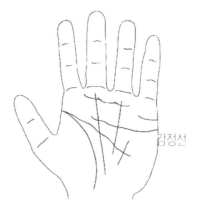
감정선

가정에서나 감정을 잘 표현하고 살아있는 감정생활을 할 수 있기 때문이다. 또, 감정선은 길수록 정적이고 짧은 감정선은 단순히 정에 움직이지 않는 성격이라 할 수 있을 것이다.

기본적인 손금

운명선

운명선

손목 쪽에서부터 장지를 향하여 올라간 손금을 말한다. 인간의 운기의 성쇠, 소장을 나타내는 중요한 손금이다. 운명선이 굵고 똑바로 힘있게 손목 위에서 장지의 붙은 곳에 뻗어 있는 것이 좋은 상이다.

기본적인 손금

무명지의 밑에 있는 세로 손금을 말한다.보통은 감정선의 위에 있지만 사람에 따라서는 손목의 중간부터 무명지를 향해 두뇌선, 감정선을 지나 올라간 것을 말한다. 사람의 사회적 지위나 신용, 인기, 매력 그리고 사람의 행

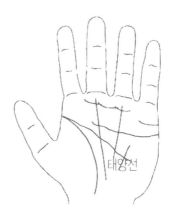

운, 불행을 맡아보며 운명선의 결함을 보충하는 중요한 역할을 한다. 또한 태양선은 운명선과 끊을 수 없는 깊은 관계를 가지고 있다. 태양선의 좋은 상은 다소 끊어지는 데는 있어도 직선으로 명확하게 나타나 바늘과 같이 힘있게 무명지의 방향에 뻗는 상이다. 또 길고 아름다운 태양선을 가진 상은 성격적으로 쾌활하고 감수성과 뛰어난 예술 이해력을 가진 사람으로서 인기와 명성이 좋은 사람이다.

기본적인 손금

건강선

새끼손가락 아래쪽으로부터 손목으로 조금 비스듬히 달리고 있는 손금을 말한다.

결혼선

새끼손가락의 바로 아래에 옆으로 나간 손금을 말한다. 예외는 있으나 누구에게나 나타나는 금이다. 결혼, 연애, 애정 등의 이성관계의 일체를 나타낸다. 혹, 결혼선이 2개, 3개 되는 사람이 있다고 해서 결혼을 2, 3번 하는 것은 아니다. 결혼선은 길고 명확하고 붉은 색을 하고 있는 것이 좋은 상이다.

기본적인 손금

손금은 깊고 똑똑하게 끊어진데 없이 그려져 있으면 좋은 상이지만 그러한 수상만 있는 것이 아니라 여러가지 가는 모양의 손금이 있다. 손금마다 좋은 의미와 나쁜 의미가 있다.

지선

지선이란 본선의 끝이나 혹은 중앙이나 근원이나 어떠한

부분에서 갈라져 나온 가는 손금을 지선이라고 한다. 위쪽으로 갈라져 벋은 지선과 아랫쪽으로 갈라져 뻗어나간 지선이 있다. 이는 나뭇가지와도 같이 나누어진 지선은 운명의 변화를 말하고 있는 것으로 위를 향한 지선은 대체로 좋은 의미를 나타내고 본선의 힘을 강하게 하는 작용이 있다. 반대로 아래로 향한 지선은 대체로 나쁜

손금의 형태

의미를 나타내며 본선의 힘을 약하게 하는 작용이 있다.

이우선

손금의 끝 쪽이 보기 좋은 모양으로 두 갈래 혹은 세갈래로 갈라진 손금이다. 두 갈래의 경우는 마치 Y자 형으로 된다. 이것은 원칙으로 좋은 의미를 나타낸다. 그러나 어느 손금이나 다 그렇다고는 할 수 없다.

방상선

손금의 말단에 나타나는 모양이다. 손금의 끝이 몇 개로 가늘게 나누어져 방과 같은 손금을 말한다. 이것은 그 본선이 나타내는 의미를 약하게 하는 나쁜 것이다.

손금의 형태

반점

손금이라기 보다 기호의 일종이다. 손금 위에 나타나는
 것이 많으므로 손금 부분에 넣어 두었다.
이것은 손금의 힘을 약하게 하는 의미로
나쁜 것을 말하고 있다.

섬형

기호이지만 역시 손금 위에 나타난다. 이것도 나쁜 의미
 를 나타내는 것으로 실패, 질병, 곤란을
의미한다.

쇄상선

섬모양의 작은 것이 이어져서 쇄상(사슬과 같이)으로 나
타난 것으로 손금의 힘을 약하게 하는 뜻
을 나타낸다.

손금의 형태

파상선

손금이 마치 파도와 같이 물결치는 파상형의 손금을 말한다. 이것도 쇄상선과 같이 힘을 약하게 하는 의미를 가지고 있다.

중단선

손금의 끊어진 것을 말한다. 위과 같이 보이게 끊어진 금은 힘을 약하게 하는 나쁜 의미지 만 그것이 결정적으로 흉하다는 것은 아니고 어느 정도의 좋은 의미도 나타내는 손금이다.

그 반대로 아래와 같은 끊어진 손금은 아주 흉한 것을 의미한다. 게다가 끊어진 손금의 끝이 한쪽으로 꼬부라진 것은 더욱 나쁜 상이다.

한번에 성격과 운명을 알 수 있는 손금보는 방법

한번에 성격과 운명을 알 수 있는 손금보는 방법

손금 알아보기

손금(수상)은 자신을 알고 상대를 알기 위한 제왕의 학문으로 생각되어졌으며, 수상학의 역사는 매우 오래되었다.

손금(수상)의 역사는 고대 인도에서 시작된다. 그 후 중국, 이집트, 그리스로 전파되었다. 인도에서는 바라문교의 교리 속에도 수상에 대한 대목이 있어 수상에 나타난 길흉을 하늘의 계시로 믿는 습관이 있었다.

손금(수상)만 전문적으로 운명을 보게 된 것은 중세 유럽에서 19세기부터이다.

그 계기를 만들었던 것이 손금학의 원조인 천재 손금 연구가「킬로우」가「손의 이야기」라고 하는 책을 출판 당시 저명인의 손금을 점쳐 정확히 적중시켜 폭발적 붐을 일으켰다.

최근에는 심리학이나 의학의 전문가에 의한 과학적인 연구가 외국에서 활발하게 되고 있다.

한번에 성격과 운명을 알 수 있는 손금보는 방법

손금이 말하는 운명의 미래

손금은 변하기 때문에 지금 나쁘다고 평생 나쁜 것은 아니다. 사람은 태어나면서 운명이 정해져 있다고 한다. 억만장자의 집에서 태어나느냐, 혹은 별다른 재능 없이 태어나느냐 또는 병 때문에 괴로워하다 죽느냐 등등 신이 정한 운명은 스스로는 바꿀 수 없는 것인지도 모른다.

손금은 당신에게 과거나 미래를 말해준다. 그것을 허사로 만들어 버리느냐 잘 이용해서 효과적으로 활용하느냐가 포인트다.

손금의 경우 나쁜 손금은 결정된 것이 아니다. 손금은 이제까지의 과정이라고 하는 경고라고 보기 때문에 빨리 삶의 방법을 바꾸든지 노력하여서 궤도를 수정하면 좋을 것이다.

그러면 운세도 변화되어지고 손금도 바뀌게 된다. 그리고 손금의 변화를 눈치챘을 때 그것이 좋은 변화인가 나쁜 변화인가를 빨리 아는 것이 중요하다.

만약 좋은 변화라면, 지금의 생활이 괜찮다고 보는 것이 되고 나쁜 변화라면 지금 하고 있는 일이나 주위에 있는 모든 것을 생각하여 바꾸도록 노력하는 것이 좋다.

쉽게 말하면 손금은 어떻게 살면 행복한가를 알 수 있는 기준이 된다고 보면 맞을 것이다.

한번에 성격과 운명을 알 수 있는 손금보는 방법

손금을 볼 때에 보는 손

 어느 손이다라고 명확하게 구분되어 있는 것은 아니지만 양손을 다 보는 것을 원칙으로 하는 것이 좋다.
 옛날에는 오른손잡이라면 오른손, 왼손잡이라면 왼손, 즉 주로 사용하는 손을 본다는 의견이나 손가락을 껴서 엄지가 아래로 온 쪽의 손을 본다는 라고 주장하는 사람도 있다.
 그러나 정확하게 말하면 오른손잡이는 오른손을 먼저 보고 왼손을 보는 것이 옳은 방법이고 왼손잡이이면 왼손이 주가 되는 것이고 다음 오른손을 보면 되는 것이다.
 한쪽 손만 보면 그것은 반쪽 짜리 손금감정이 되기 때문이다.

 왼손은 선천 운(태어날 때 부여된 재능, 성격, 운명),
 오른손은 후천 운(노력으로 주어지는 재능, 성격. 운명)을 나타내고 있다.

 왼손의 손금의 변화는 정신적인 변화를,
 오른손의 손금의 변화는 구체적인 환경의 변화를 나타낸다.
 손금을 볼 때에는 양쪽 모두의 손을 보아서 종합적인 판단을 하지 않으면 안 된다.

한번에 성격과 운명을 알 수 있는 손금보는 방법

좌우의 손금이 거의 같으면 정해진 운명에 따라 살아 왔다고 하는 내용이다.

전혀 다른 경우에 왼손의 손금이 좋고 오른손의 손금이 나쁘면 모처럼의 운을 살리는 삶의 방법을 게을리 하고 있는 것이며 반대라면 노력하여 스스로 운을 열어 가고 있다고 하는 것이다.

한번에 성격과 운명을 알 수 있는 손금보는 방법

주가 되는 손 구별하기

오른손잡이는 오른손이 주가 되고, 왼손잡이는 왼손이 주가 된다.

가장 일반적이며 가장 합리적인 방법이다. 오른손잡이와 왼손잡이의 뇌의 작용력에 차이가 있으며, 손 역시 오른손은 왼쪽 뇌가 주관하고 왼손은 오른쪽 뇌가 주관을 하니 오른손잡이 왼손잡이에 따라 달리 봐야한다는 관점은 매우 논리적이고 합리적인 방법이다. 실지로 손금보는 사람들은 이 방법을 가장 많이 애용하고 있다.

다르게 보는 방법

1) 손뼉을 쳐본다.

자세히 보면 한 손이 다른 손위로 내려치는 것을 볼 수 있다. 이때 위에서 내려치는 손이 주도적인 손이다.

2) 왼손을 오른손 위에 가만히 얹어 본다.

다음으로 오른손을 왼손 위에 가만히 얹어 본다. 두 가지 중 더 편안하게 느껴질 때 위로 올라간 손이 주도적인 손이다.

3) 양쪽 손가락을 서로 자연히 교차시켜 교차된 양 엄지손가락 중 아래쪽으로 내려간 엄지 쪽 손이 주도적인 손, 현재의 나를 말해주는 손이다.

손을 보고 한번에 알아맞히는 성격

주름이 적은 손의 성격

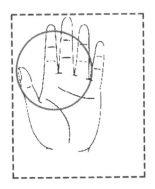

주름이 적은 손의 성격은 산뜻한 성격으로 자질구레한 것에 집착하지 않는다.

이론보다 먼저 행동으로 옮기고 스트레스나 고민은 없다.

밝고 온화한 성격이나 둔감한 면도 있다.

손을 보고 한번에 알아맞히는 성격

주름이 많은 손의 성격

주름이 많은 손의 성격은 섬세한 신경의 소유자로, 성실하며 완벽주의자이고 사람들의 불필요한 이야기에도 신경을 쓰며 쓸데없는 일에도 자꾸 걱정을 하는 성격의 소유자다.

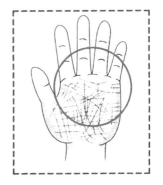

손을 보고 한번에 알아맞히는 성격

전체가 뒤로 젖혀지는 손의 성격

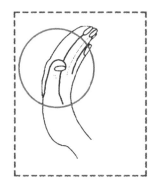

전체가 뒤로 젖혀지는 손의 성격은 주위와 친숙해지기 쉬운 성격으로 사회에 적응을 잘하며 밝고 재치가 뛰어나, 무드나 감정에 따라 흐르기 쉽다.
한가지 단점으로는 자기만족으로 이기적인 면도 있다.

손을 보고 한번에 알아맞히는 성격

전체가 뒤로 젖혀지지 않는 손의 성격

전체가 뒤로 젖혀지지 않는 손의
성격은 순진한 성격으로 쉽사리
주위와 친숙해 질 수 없는 성격이
며 성실하게 일하는 타입이다.
연애를 싫어하고 쉽게 말하면 재
미가 없고 꼼꼼한 성격이다.
무드에 따르지 않는 이성적인 판

단력이 있고 손해, 득실의 계산적이 면이 빠른 것이 특징이
다.

손을 보고 한번에 알아맞히는 성격

손을 내밀 때, 손가락을 벌려 내미는 손의 성격

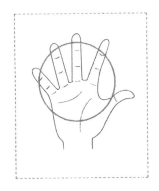

누구에게나 개방적이고 적극적이고 대담하며 용기가 있고 마음이 너그럽고 깊게 생각하지 않고 행동으로 옮기는 스타일이다.

타인의 의견을 듣지 않는다는 단점이 있다.

비밀이 없고 쾌활하고 낭비벽이 있으나 자신 때문이 아니라, 상대를 위해서도 돈을 많이 쓰는 편이라서 그렇다.

손을 보고 한번에 알아맞히는 성격

손을 내밀 때, 손가락을 감추어 내미는 손의 성격

상식적이고 예의가 바른 타입의 성격이다.

관찰력이 있어, 타인의 행동을 잘 파악하는 스타일이어서 신중하여 경망스럽게 움직이는 일은 없는 타입으로 일과 사생활을 혼동하지 않는 꼼꼼한 성격이다.

손을 보고 한번에 알아맞히는 성격

손을 내밀 때, 손가락을 모아서 내미는 손의 성격

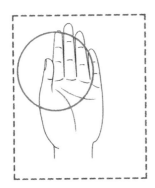

소극적이며, 겁이 많고, 경계심이 강한 편의 성격 타입이다.

좀처럼 마음을 열려고 하지 않는 타입으로 사람을 잘 믿지 않고, 교제 범위가 좁으나 경제 관념이 확실하여, 돈을 모으면 쓸데없이 사용하지 않는 구두쇠와 같은 특징의 스타일이다.

손을 보고 한번에 알아맞히는 성격

손가락이 긴 손의 성격

두뇌가 유연하여 유행에 민감하며 관찰력이 날카롭다. 자신만의 세계에 심취하는 스타일이며 로맨틱하고 섬세한 일에 손재주가 있다.

체력, 기력이 약하여 소극적인 생각으로 일을 처리하며 용기와 담력이 부족하지만 그 만큼,실패는 없는 것 또한 특징이다. 정신력이 발달되어 있으며 자신의 주장을 나타내지 않는 마음이 약한 편이다.

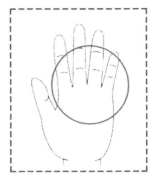

손을 보고 한번에 알아맞히는 성격

손가락이 짧은 손의 성격

아무리 올바른 것일지라도, 쉽사리 자신의 의견을 바꾸려 하지 않는 타입의 성격이다.

의지가 강한 성격으로 적극적이며 결단력이 빠르고, 실행력이 강한 스타일로 끝까지 사물을 완수하는 노력가이며 냉정한 면이 있으며 원시적인 본능이 발달되어있다.

손을 보고 한번에 알아맞히는 성격

극단적으로 긴 경우의 성격

극단적으로 긴 경우의 성격은 타인을 간섭이나 참견하는 일 없이 모두와 사이좋게 지내는 면은 좋지만 한편으로 의지가 없어 공상, 망상이 심하고 장래에 대해 계획성이 없다는 것이 단점이다.

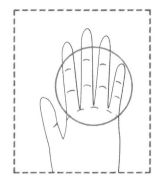

손을 보고 한번에 알아맞히는 성격

손의 폭이 좁은 사람의 성격

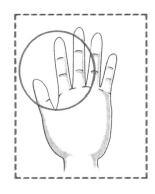

신체에 활력이 없으며, 신체를 움직이는 것을 너무 싫어한다.

기력이 부족하며 체력이 약하고 예술가 타입이 많다.

신경질적이며 주위에 지나치게 신경을 쓰는 사람으로 주위의 의견이나 분위기에 쉽게 좌우되는 타입이다.

허세 욕이 강하며 연애는 감정적으로 민감하지만 행동력이 없기 때문에 수동적이다.

손을 보고 한번에 알아맞히는 성격

손의 폭이 넓은 사람의 성격

체력 왕성하며 활동가 적인 사람
이다.
애정 표현이 엉성하며 문학이나
예술 등, 지적인 분야에의 관심이
적은 스타일로 체육분야에 관심이
많다.

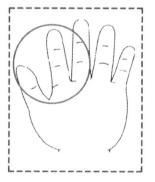

체격에 비해서 큰손의 성격

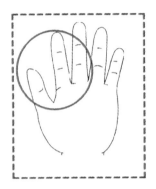

기가 약하고 신경질적이며 주의 깊은 성격으로 깊이 생각하고 나서 행동하는 스타일이고 친절하며 인정 파로 쓸데없는 낭비를 하지 않는 성격이다.

손을 보고 한번에 알아맞히는 성격

체격에 비해서 작은 손의 성격

기가 강하여 세세한 일은 신경 쓰지 않는 성격으로 적극적이나, 대충대충 처리하는 타입으로 담력이 있으며 결단력도 있어, 마음에 들지 않으면 쉽게 단념하기도 한다.

배려가 부족한 면과 경솔하기도 하지만 대담한 성격으로 연애 등도 자신의 의지를 분명히 전달하며 결론만을 이야기한다.

금전의 지출이 불안정하고 사치를 좋아하는 사람으로 잔돈의 계산은 싫어한다.

손을 보고 한번에 알아맞히는 성격

손을 잡을 때, 엄지를 숨기는 사람의 성격

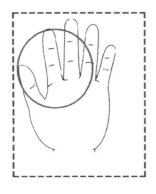

손을 잡을 때, 엄지를 숨기는 사람의 성격은 자아의 성장이 미성숙하며 겁이 많은 편이고 적극적이지 못한 면이 있으며 의기소침하여 간혹 자신의 상실감에 빠질 염려가 있다

손을 보고 한번에 알아맞히는 성격

기름기가 있는 손의 성격

기름기가 있는 손의 성격은 스트
레스나 과로로 신경이 약해지고
있다는 증거로 손의 기름기가 있
으면 빨리 몸의 건강과 변화에
신경 써야 하며 소모성의 병에 처
해 있을 가능성이 있으므로 유의
하는 것이 좋다.

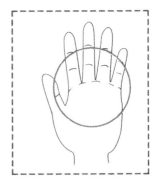

손을 보고 한번에 알아맞히는 성격

윤기가 있는 손의 성격

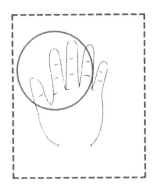

　윤기가 있는 손의 성격은 손에 윤기가 있어서 한마디로 혈색이 좋은 손으로 운세가 안정되어 있는 사람이라고 볼 수가 있다.

손을 보고 한번에 알아맞히는 성격

손가락 끝이 두꺼운 손의 성격

손가락 끝이 두꺼운 손의 성격은 손끝의 솜씨가 뛰어나 섬세한 수작업이 잘 맞고 귀찮은 일도 싫어하지 않고 부지런히 처리하는 사람으로 근면한 사람중의 하나라고 볼 수가 있다

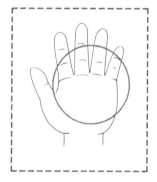

손을 보고 한번에 알아맞히는 성격

손가락 끝이 얇은 손의 성격

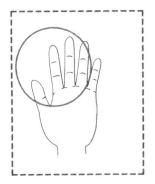

손가락 끝이 얇은 손의 성격은 섬세한 작업은 맞지 않아 서투르고 지적인 능력이 높은 사람으로 자신을 표현하는 것이 뛰어나여 외향적인 직업을 가진 사람이 많다.

손을 보고 한번에 알아맞히는 성격

두꺼운 손의 성격

두꺼운 손의 성격은 스케일이 크
고 대범한 성격으로 작은 일로는
끙끙거리지 않는 성격으로 물욕이
나 성욕이 왕성하여 정력적이며 섹
스 어필이 강한 사람으로 개방적인
사람에 속한다.

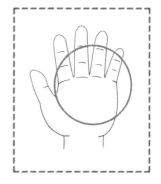

손을 보고 한번에 알아맞히는 성격

두껍고 탄력이 없는 손의 성격

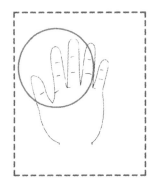

금전에의 집착이 강해, 욕심쟁이 스타일로 폭력적이며 기분에 따라 앞뒤 돌아보지 않고 행동을 하는 무모한 스타일이다.

육체적인 욕망에 빠지기 쉽고 건강해 보이지만, 체력이나 기력이 부족한 경우도 있다.

손을 보고 한번에 알아맞히는 성격

얇은 손의 성격

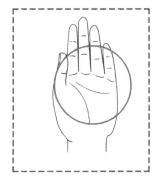

얇은 손의 성격은 매사에 매사에
자심감이 없어 스스로 일을 처리하
는 것보다 어떤 일에도 수동적으로
적극성이 부족한 사람으로 질투심
이 강한 것이 특징이다.

손을 보고 한번에 알아맞히는 성격

너무 얇은 사람의 성격

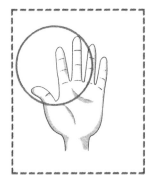

 너무 얇은 사람의 성격은 차가우리 만치 냉정하고 사려 깊지만, 조그만 실수도 그냥 넘어가지 않는 성격으로 조그만 잘못하면 엄격하고 차가운 성격이다.

손을 보고 한번에 알아맞히는 성격

평탄한 손의 성격

평탄한 손의 성격은 크게 두드러
짐이 없이 평범하여 패기가 없으며
병약하고 성격이 허약한 사람이다.
보통 의지가 약하여 작은 일에도
크게 상처받는 타입니다.

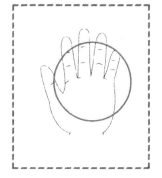

손을 보고 한번에 알아맞히는 성격

단단한 손의 성격

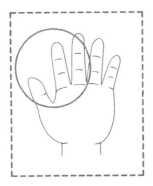

의지가 강하며 애교가 없어, 사교성이 부족한 사람으로 실행력이 있고 요령을 모르는 성실한 성격으로 감정에 치우치지 않는다.

명성보다는 금전의 욕구, 물질적 욕구가 강한 사람으로 볼 수 있다.

손을 보고 한번에 알아맞히는 성격

적당히 단단한 손의 성격

적당히 단단한 손의 성격은 외향
적인 성격으로 지적이며 섬세하고
순진하고 사교적인 성격으로 무슨
일에도 지나치지 않고 잘 융합하는
타입의 사람이다.

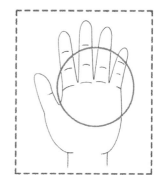

손을 보고 한번에 알아맞히는 성격

부드러운 손의 성격

 감수성이 강하고 신경질적이며 실행력이 부족한 타입으로 새로운 것에는 곧 익숙해지지만 싫증도 빠른 사람으로 순응하는 성격이며 연애는 자신의 의견을 분명히 말하지 않는 사람이다.

 애교가 있어 응석을 잘 부리고 능수 능란하며 감정의 기복이 심하여, 잘 감동하기도 하는데, 남에게 잘 속는 경우도 있다.

 가족 중에서는 외아들에, 노동을 싫어하며 적당히 즐거움만 따르는 경향도 있는데, 포용력은 뛰어나다.

손을 보고 한번에 알아맞히는 성격

엄지

부친. 자기. 표면적인 인격. 지배력. 뇌의 기능. 능력. 의지. 애정을 뜻한다.

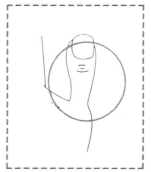

뿌리 부분이 가늘고, 손가락 끝이 어울리지 않게 크다. 마치, 둥근 공과 같은 엄지는 성격이 거칠고 난폭하며 집념이 강하고, 자제력이 약하다. 곧 이성을 잃을 수 있고 부모와의 인연이 없다.

손을 보고 한번에 알아맞히는 성격

엄지의 가운데가 가는 형의 손가락 성격

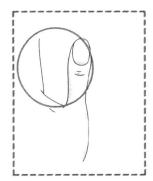

한가운데 부분을 가늘게 들어가 있는 사람의 성격은 예지력이 우수하며 사람을 받아들이는데 있어서 유연성이 있고 개방적인 성격으로, 이른바 세상살이에 매우 능수, 능란하다.

손을 보고 한번에 알아맞히는 성격

엄지가 굴곡이 없는 일자형의 손가락 성격

엄지가 굴곡이 없는 일자형의 손
가락 성격은 자신의 것을 지키며
두문불출하는 것을 좋아하는 폐쇄
적인 성격으로 믿음이 강하다. 자
신의 생각을 굽히지 않는 고집으로
완고한 성격이다.

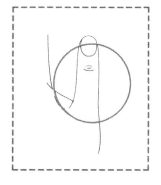

손을 보고 한번에 알아맞히는 성격

엄지와 집게손가락이 90도 이상 벌어지지 않는 손가락 성격

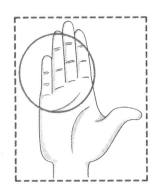

주의 깊은 성격으로 소극적이고, 의뢰심이 강하고 신경질적이며 자신을 드러내지 않는 타입으로 정의감이 있다.

타인에게는 친절하고 금전에 대한 집착심이 강하여 견실하게 돈을 모아 두는 스타일이다.

손을 보고 한번에 알아맞히는 성격

엄지와 집게손가락이 90도 이상 벌어지는 손가락 성격

독립심 왕성하다.

어떤 일에도 적극적이며 생각이 유연하고 타인의 의견에 귀를 기울이는 사람이다.

성격이 깨끗하고 재치가 있는 타입으로 행동력이 있으며 세상살이 능숙하다. 대체로 현실에 순응하는 스타일이다.

엄지가 긴 사람의 성격

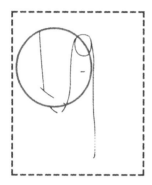

 강한 정신력의 소유자로 감정보다 이성이 선행되는 사람으로 강한 의지로 타인을 끌어 들여가는 에너지의 소유자이며 인격이 뛰어난 사람으로 보면 맞는다.

손을 보고 한번에 알아맞히는 성격

엄지가 극단적으로 긴 사람의 성격

엄지가 극단적으로 긴 사람의 성
격은 고집이 있어서 모든 일을 자
신의 방법으로 과감하게 밀고 나가
는 타입의 사람으로 타협을 중시
하지 않고 고집이 센 것이 특징이
다.

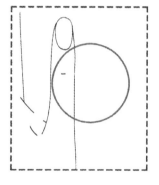

손을 보고 한번에 알아맞히는 성격

엄지가 큰 사람의 성격

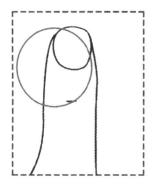

엄지가 큰 사람의 성격은 지혜가 있으며 성격이 꼿꼿하여 남의 눈을 의식하지 않고 밀고 나가는 의지가 확실한 타입의 사람으로 성실하다.

손을 보고 한번에 알아맞히는 성격

엄지가 짧은 사람의 성격

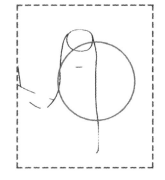

엄지가 짧은 사람의 성격 은 감정
의 컨트롤을 할 수 없음으로 자신
에게조차도 자신이 없는 심약한 사
람으로 애정 표현도 잘 못하는 단
점이 있다.

손을 보고 한번에 알아맞히는 성격

엄지가 작은 사람의 성격

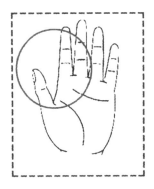

엄지가 작은 사람의 성격은 감성이 예민하여 감정에 좌우되기 쉬운 사람으로 사물에 대한 인식력이 약간 뒤떨어지지만 성실하다.

손을 보고 한번에 알아맞히는 성격

엄지의 끝이 활 모양으로 젖혀지는 손의 성격

유연하지만 생각과 시간을 적절히 활용하는 성격으로 돈에 대한 관념이 없어 돈이 있을 때는 기분에 따라 아낌없이 쓰고, 없을 때는 검소하게 살아도 된다고 생각하는 스타일이다.

새로운 환경에 적응을 잘 한다.

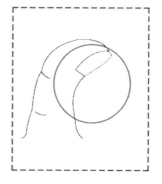

손을 보고 한번에 알아맞히는 성격

엄지의 끝이 구부러지지 않는 손의 성격

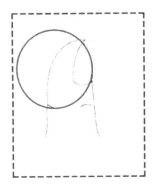

의지가 강한 사람으로 타인의 의견을 잘 듣지 않는 타입으로 말수가 적으며 착실히 노력을 거듭하는 사람이다.

애정 표현은 서툴지만 성실함과 배려가 있는 편으로 구두쇠 같이 지출을 하지 않으며 완고한 성격으로 처세술이 약하다.

손을 보고 한번에 알아맞히는 성격

집게손가락이 긴 사람의 성격

집게손가락의 성격

타인. 모친. 향상심. 자존심. 지배
력. 야심. 지도력. 자랑. 자신을 뜻
한다.

독단적인 행동이 많은 사람으로
타인보다 위에 오르는 능력이 있어
자신을 강하게 나타내려고 한다.

참견이 심하나, 책임감도 강해, 지
도력이 있는 사람이다.

공평하게 일을 처리하며 노력을 아끼지 않는 성격이다.

집게손가락이 극단적으로 긴 사람의 성격

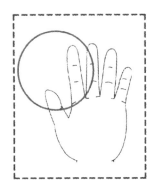

집게 손가락이 극단적으로 긴 사람은 겸손하지 못하며 교만한 성격이다.

주위에 좋은 친구들이 많지를 않고 대인관계가 원활하지 못하다.

손을 보고 한번에 알아맞히는 성격

집게손가락이 짧은 사람의 성격

부하로서 순종하는 사람이고 무기력하며 사물을 소극적으로 생각하는 성격으로 무사 안일주의자로 생활에 의지력이 약하며 타인에 대한 배려가 적다.

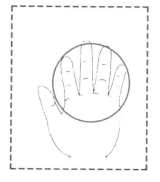

손을 보고 한번에 알아맞히는 성격

가운데 손가락이 긴 사람의 성격

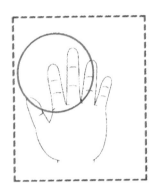

중지

자기 자신. 주의력. 경계심. 신중. 사려 분별. 반성을 나타낸다.

신중하다. 반성과 회개의 마음이 강하고 곤란한 일에 부딪치면, 곧 사람에 대한 판단 능력, 사고 능력이 높아진다.

자신 본위로 생각한다. 신경질적이다.

손을 보고 한번에 알아맞히는 성격

가운데 손가락이 극단적으로 긴 사람의 성격

시야가 좁으며 자신의 세계에 안 주하기 쉽다. 실제적으로도 사회생 활에 참여하기 어려울 수도 있고 해야 할 일을 내던지는 책임감이 없는 성격으로 협조 성이 부족하여 극단적인 에고이스트에 공상의 버 릇이 강하다.

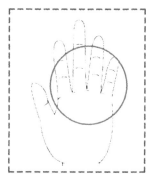

가운데 손가락이 짧은 사람의 성격

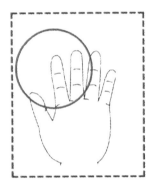

 사물에 대해 깊게 생각하지 않는 단순한 성격의 소유자로 신념이 약하며 야무지지 못한 성격으로 참을성이 부족하여 연애나 섹스에 쉽게 빠진다.

손을 보고 한번에 알아맞히는 성격

가운데 손가락이 극단적으로 짧은 사람의 성격

가운데 손가락이 극단적으로 짧
은 사람의 성격은 어릴적부터 지
적인 발육이 미숙하며 본능적인 욕
구를 참지 못하지만 단순한것 만큼
호기심도 많은것이 특징이다.

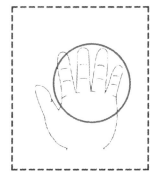

손을 보고 한번에 알아맞히는 성격

약지가 긴 사람의 성격

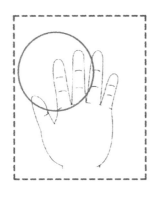

약손가락

가족. 미적 센스. 애정. 사교성. 명랑. 재산. 도박 등을 나타낸다.

(첫마디가 길면 아름다움을, 두 째 마디가 길면 이름을, 셋째 마디가 길면 재물을 얻는다)

명예심이 강하고 권력의 자리에 있기를 원하는 타입으로 돈에 대한 욕심이 많다.

상대에 대한 애정이 너무 강하여, 무심코 성급하게 행동한다.

손을 보고 한번에 알아맞히는 성격

약지가 극단적으로 긴 사람의 성격

약지가 극단적으로 긴 사람의 성 격은 머리의 회전력이 빠르고 의지 가 나약하여 게임이나 도박을 좋아 한다.

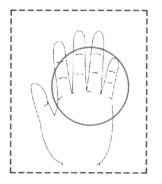

약지가 짧은 사람의 성격

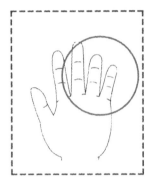

약지가 짧은 사람의 성격은 고지식하여 출세하는 것을 좋아하지 않는 타입의 성격으로 좋은 일에서도 알려지는 것을 싫어한다.

손을 보고 한번에 알아맞히는 성격

새끼손가락이 긴 사람의 성격

아이. 자손. 스스로도 깨닫지 못하는 성격. 장사 솜씨. 위트. 이면의 성격. 표현 능력 등을 나타낸다.

사람의 마음을 움직이는 화술이 뛰어난 사람으로 가지고 있는 재능을 악용하는 경우가 있고 가정에 충실하다. 커뮤니케이션 능력이 있다. 냉정한 판단을 내릴 수 있는 사람이다.

손을 보고 한번에 알아맞히는 성격

새끼손가락이 길고 얇은 사람의 성격

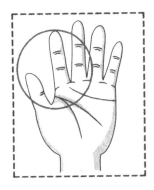

거짓말을 하는 것을 아무렇지도 않게 하고 어떠한 수단으로 호소해도 자신이 유리하게 되려고 하는 위선자적인 성격을 가지고 있다.

손을 보고 한번에 알아맞히는 성격

새끼손가락이 굵고 긴 사람의 성격

새끼손가락이 굵고 긴 사람의 성
격은 선천적으로 말이 능숙한 사람
으로 행동보다는 말이 앞서는 타입
의 성격이다.

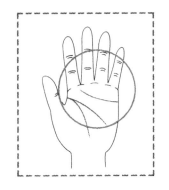

손을 보고 한번에 알아맞히는 성격

새끼손가락이 극단적으로 길은 손의 성격

새끼손가락이 극단적으로 길은 손의 성격은 사람을 속이는 경향이 있어 친구들과의 사이가 안 좋을 수도 있는 성격의 타입이다.

손을 보고 한번에 알아맞히는 성격

새끼손가락이 짧은 사람의 성격

돈을 있는 만큼 사용해 버리는 사람이며 세상살이가 힘들게 생각되는 타입으로 만년에 자식에게 경시 당하는 경우가 있을 수가 있고 가정적으로 약간의 문제가 있으며 타인의 감언에 잘 넘어가는 타입으로 스스로 판단할 수 없다.

기본적인 손금

운명을 미리 알고 대처하면 운명은 바뀌어 진다

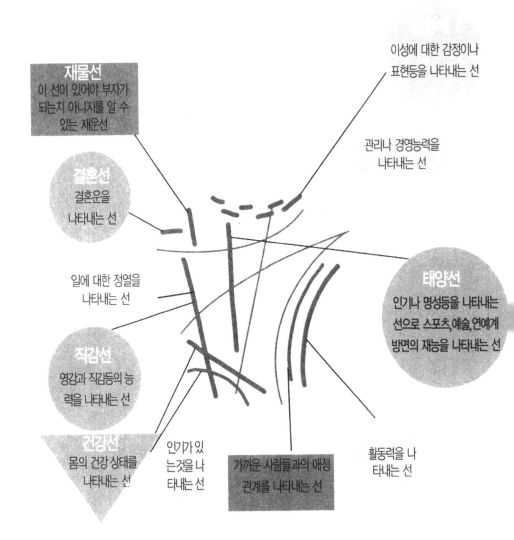

이성에 대한 감정이나
표현등을 나타내는 선

관리나 경영능력을
나타내는 선

재물선
이 선이 있어야 부자가
되는지 아니지를 알 수
있는 재운선

결혼선
결혼운을
나타내는 선

태양선
인기나 명성등을 나타내는
선으로 스포츠,예술,연예계
방면의 재능을 나타내는 선

일에 대한 정열을
나타내는 선

직감선
영감과 직감등의 능
력을 나타내는 선

건강선
몸의 건강 상태를
나타내는 선

인기가있
는것을 나
타내는 선

가까운 사람들과의 애정
관계를 나타내는 선

활동력을 나
타내는 선

손 안에 미래의 모든것이 있다

손 안에 미래의 모든것이 있다

손금에는 여러 가지 전문어가 있으나 이 책에서는 손바닥
에 새겨진 여러 가지 선과 그 사이에 언덕처럼 있는 조금 높
은 부분 등의 특징에서 그 사람의 성격, 운명 등을 보려는
것이다.

모든 사람이라도 상식적으로 알고 있는 3개의 선은 생명
선, 두뇌부, 감정선을 말하는 것이다.

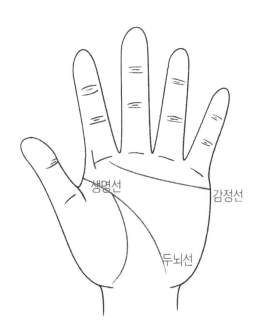

손 안에 미래의 모든것이 있다

생명선 보기

엄지손가락 밑에 붙은 듯이 집게손가락(둘째손가락)밑에서 손목 쪽으로 향해 달리는 선을 말한다.

이 선은 엄지손가락과 밀접한 연결이 있으며 그 움직임에 의해 나타나기 쉬운 것 이다.

생명선은 글자 그대로 그 사람의 건강과 수명 을 나타낸다.

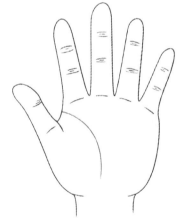

깊고 선이 분명하고 살 빛보다 짙고 끊긴 데가 없이 길어야 한다.

이 선이 짧거나 중간에 서 끊겼으면 수를 누리 지 못하며, 희미하거나

얕거나 넓으면 건강에 지장이 있다. 생명선이 끊어질 듯 이 어진 것은 죽을 고비를 넘겼다는 증거이다. 여러 군데 끊겼 다가 이어지면 여러 차례 액을 넘겼다는 표시이다.

손 안에 미래의 모든것이 있다

생명선으로 나이를 보는 법

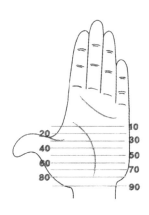

손금으로 여러 가지 운을 볼 수 있다. 그런데 운들이 대충 언제쯤 발생할까 는 생명선에서 말하는 연령 대를 참고해야 한다.

직접 그러한 시기를 판단 할 수 있도록 생명선이 말하는 나이 대를 알아보자.

나이 구분하는 법

생명선이 시작되는 기점부터 손바닥과 손목이 만나는 지점까지의 길이를 재서 9로 나누어 10살 단위로 분류하면 그림처럼 나누어지는데, 이것이 생명선에 나타나는 기본적인 시기가 된다.

이 정도만 참고해도 어느 시기에 어떤 일을 당하게 될지 대강 판단할 수 있으리라 생각한다.

손 안에 미래의 모든것이 있다

두뇌선 알기

두뇌선은 손바닥 한가운데를 비스듬히 가로지르는 굵은 선을 가리키는데 재능이나 지적 능력, 직감 능력, 부모로부터의 유전관계 등이 나타난다. 태양구의 중심에서 선을 곧장 내려그었을 때, 그 선까지가 두뇌선의 표준 길이다.

이 선도 생명선과 마찬가지로 가늘고 길고 깊되 끊긴 데가 없어야 총명하고 지능이 발달한다. 만약 이 선이 넓고 얇고 빛깔이 선명치 못하고, 끊기거나 짧으면 지능 수준이 모자란다고 봐도 된다. 두뇌선이 선명해서 손바닥 끝 부분에 거의 이르는 정도이면 천재요, 이 선이

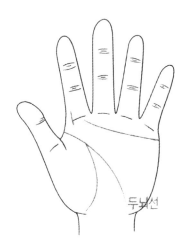

두뇌선

손바닥 반 정도에 불과하면 바보의 상이라고 한다. 그러나 대개는 이 선의 길이와 깊이도 비슷하여 두뇌의 기준을 가능하기는 어렵다고 한다.

두뇌선이 한 줄로 나가다가 갈라진 경우는 여러 방면에 재

능과 소질이 있는 것으로 추리해도 된다.

두뇌선이 생명선 쪽으로 따라가면서 길게 뻗은 사람은 현실보다 이상을, 물질보다 정신적인 것에 비중을 더 둠으로써 학문/예술/연구 방면에는 뛰어나지만 경제면에 뒤떨어져 다른 사람의 뒷받침이 있어야 성공하는 운이다.

만약 같은 두뇌선을 가진 사람이 결혼을 하게 되면, 애정에는 만점이지만 경제에 뒤떨어져 심한 경제난을 겪게 된다. 생명선을 따라 길게 뻗은 두뇌선은 선명한 지능선을 갖되, 감정선 쪽으로 뻗은 두뇌선의 배우자와 결합해야 생활력이 강하고 현실성에 밝으며 의지가 굳어 초지일관하는 끈기가 있다고 한다. 그러나 두 사람이 모두 감정선 쪽으로 뻗은 두뇌선끼리 만나는 것은 애정이 냉담하고 삶이 단조로워 돈만 아는 수전노식 부부가 될 우려가 있다고 한다.

손 안에 미래의 모든것이 있다

감정선 알기

새끼손가락 아래쪽에서 거의 가운데 손가락과 집게손가락 사이로 향해 커브하면서 흐르고 있는 긴 선을 말한다. 선 가운데서는 비교적 움직임이 적은 새끼손가락, 약손가락의 동작과 관계가 깊은 것이다. 즉 손의 무의식적인 움직임과 연결하여 접촉한다든가 만진다든지 하는 감각적인 움직임과 연이 깊은 선이라 할 수 있다.

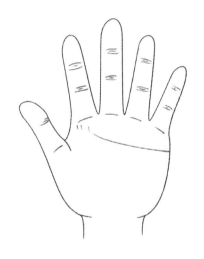

애정선이라고도 불리며 감정과 애정의 깊이, 희로애락의 표현, 심장의 좋고 나쁜 상태를 판단하는 기준이 된다. 상처 없이 깊이 파이고 완만한 곡선을 이루고 있으며, 위쪽으로 뻗어 올라간 지선이 좋은 감정선이다.

사람의 성격을 나타내기도 하는 데, 감정선이 갈라지지 않고 깊고 선명하게 외줄로 뻗은 사람은 주관이 뚜렷하고 끈

손 안에 미래의 모든것이 있다

기가 있으며 한 가지 일에 착수하면 기어코 해내고야 마는 성미란다. 누워서 공상하기보다는 직접 현실과 부딪쳐 일하면서 그 일의 형태에 따라 그때그때 적절한 처방을 내리는 성격으로 수완가형이라서 성공률이 매우 높다고 한다.

감정선이 새끼줄같이 꼬여져 나간 사람은 감정이 매우 풍부해서 문학/예술 방면에 뛰어난 소질이 있다. 그러나 쉽게 권태를 느끼고 지나친 감상에 빠져 현실을 외면하게 될 우려도 있다. 이런 사람끼리 만나면 연애 시절에는 무지개를 타고 하늘에 오르는 것처럼 황홀해도 부부가 된 뒤에는 권태기가 빠르게 오고 발전이 느리다.

감정선이 끊긴 데 없이 선명하고 중간이나 끝 부분의 한두 군데가 새끼처럼 꼬인 듯 다시 한 줄이 되어 길게 뻗으면 길상으로 이런 사람끼리의 만남은 행복한 부부 생활이 될 것이다.

감정선이 많이 갈라지거나 계속 꼬여져 나간 남성이나 여성은 감정선이 외줄로 선명하게 나간 남성이나 여성과 결혼하면 좋다.

감정선이 두뇌선과 일직선으로 연결되어 소위 '막쥔 손'의

손 안에 미래의 모든것이 있다

손금을 가진 사람은 큰 부귀를 얻기는 어렵고, 머리가 매우 영리한 사람이 아니면 어리석은 사람이다. 특히 이기적인 경향이 농후하고, 무슨 일에나 자기 중심으로 처리해 나가기 쉽다. 이런 손금끼리 남녀가 부부로 맺어지는 것은 좋지 않다. 막쥔 손의 소유자는 기발한 아이디어를 창출해 내서 세상 사람들을 놀라게 하는 경우도 있지만, 자기 자신을 지나치게 과대 평가하여 남의 의견을 수용하지 않기 때문에 실패의 쓴 잔을 마시는 수도 많다.

손 안에 미래의 모든것이 있다

 이 언어를 여러분은 곧잘 말하고 있으나 3대선이 두 개, 즉 감정선과 두뇌선이 합치하여 하나로 되어 있는 것이다. 2백 명에 한 사람이나 두 사람쯤 이런 선의 소유자가 있다. 이런 수상을 가진 사람은 상식적으로는 생각할 수 없을 만큼 집착심, 집념이 강하다고 하겠다. 쓰러져도 절대로 그냥 일어나지 않으며 길에 떨어져 있는 것이라면 말똥이라도 붙잡으려는 성격이라 할 수 있다.

 속설에 의하면 내는 것이라면 혀도 아깝다는 대단한 구두쇠라는 것을 말함이다.

 이것은 계량기의 되을 연상하면서 붙인 이름으로 동양 수상에서는 거부의 상이라 하겠다 할 수 있다.

 그러나 이 수상의 소유자로 물욕에 담박한 사람, 학문, 예술, 예능방면으로 이름을 날린 사람도 많으므로 속설은 맞지 않는다고 할 수 있다.

손 안에 미래의 모든것이 있다

운명선 알기

운명선은 어디서부터 출발했든 토성구, 즉 가운뎃 손가락을 향해 뻗어 있는 것을 좋은 상으로 여긴다. 그리고 운명선은 운세의 강약과 사회생활을 판단하는 기준으로도 사용된다.

대부분의 남성은 이 선이 있고 중지나 약지 아래 부분까지 뻗어 올라가면 대성한다고 한다. 그래서 나폴레옹은 자기 스스로 칼로 쨌다는 설도 있다.

여성은 대개 독신녀에게 이 선이 있다고 한다. 혼자 호주가 되어 남의 지배를 받지 않고 살아간다는 의미가 있는 선이므로 여성의 경우는 혼자 살아가야 하는 운명이요, 결혼하여 남편이 있더라도 중간에 이별하거나 자기 주장이 강하다.

공처가가 되기 싫은 남성, 아내에게 주도권을 내주기 싫은 남성은 이런 여성과의 결합은 고려해 봐야 한다.

그러나 경제력이 약해 맞벌이를 하려거나, 어떤 사업체 한두개를 아내에게 맡길 수 있는 남성이라면 도리어 좋은 배필감이라고 한다.

결혼선 알기

이 선은 매우 짧고 선명하지 않아 살피기가 어렵다. 물론 하나만 있는 것이 최상이다.

두 선이 있으면 재혼, 세 선이 있으면 세 번 혼인한다는 뜻이 있기 때문이다.

현대 사회는 남녀가 연애하다가 헤어져도 한 차례 겪는 셈으로 생각하는 사람들이 많아 결혼선이 몇 개쯤 있어도 구애받지 않을 수도 있지만 어쨌든 이런 의미가 있다고 한다.

손 안에 미래의 모든것이 있다

손의 언덕 알기

보통 손가락이 붙은 곳은 불룩 부풀어 있다. 이 부분을 언덕라고 하며 움푹한 부분을 평원이라고 한다. 언덕은 손금, 모양 등과 더불어 수상학에서는 중요시되어 있다..
감정의 포인트는 언덕의 발달, 융기되어 있는지, 탄력이 있는지를 보는 것이다. 그 상태에 따라 그 사람의 정신적인 것이나 건강, 운세를 판단할 수가 있다. 높이는 다른 언덕과 비교할 것이다.

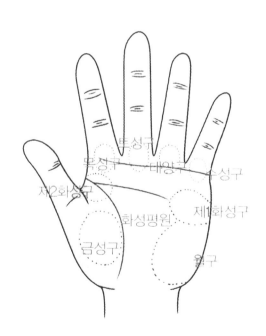

손 안에 미래의 모든것이 있다

금성구(엄지손가락이 붙은 부분)

엄지뿌리에서부터 생명선의 안쪽 가득히 퍼져 있는 구를 금성구라고 부른다. 금성은 사랑과 미(美)의 별이라고 하는데 금성구에도 애정이나 예술, 건강 등의 의미가 있다. 금성구는 손바닥의 구(丘) 중에서도 가장 넓은 범위를 차지하는

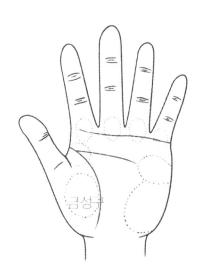

큰 구이지만 특히 이 구의 면적이 넓고 풍부하게 부풀어 있으며 세로 방향으로 많은 격자상의 선(같은 간격으로 규칙되게 반복되는 선)이 있는 경우 그 사람은 애정이 풍부하고 스태미너도 타고난다. 또한 이 구에는 예술이나 감수성, 쾌락 등의 의미도 있어 금성구가 풍부한 사람은 인생을 즐기는 능력이 뛰어나 즐겁고 충실한 일생을 보낼 수 있다. 이 구가 작은 사람은 애정 결핍, 건강도 썩 좋지 않다.

인간의 정의 움직임을 나타내는 장소이다.

애정, 우정, 동정 등 인간적인 따뜻함이 있는지 없는지, 관

손 안에 미래의 모든것이 있다

용이나 화목한 마음, 또 가정이나 건강상태를 알 수 있다.

융기해 있는 사람 풍부한 심정의 성격으로 넓고 밝은 마음의 소유자이다. 인간관계를 중요시하므로 많은 사람들에게 흠모를 받는다.

이성에 대한 정렬이 넘쳐 있어 부부애, 육친애도 건전하다. 건강하고 힘도 충분히 있다. 다만 너무나 매사에 선의로 해석하므로 사람에게 속기 쉬운 성격이라 할 수 있다.

뛰어난 스포츠 선수, 특히 씨름선수나 프로레슬러로서 성공하는 사람은 이곳과 더불어 월구도 발달해 있다.

여성은 금성구와 월구가 스마트하고 가름할수록 성적매력이 풍부하다.

지나치게 융기된 사람 정에 빠지기 쉽고 맹목적인 애정의 소유자이다. 화려하고 사치성에 치우치기 쉽고 위험하므로 알면서도 섬섬 진흙 속으로 빠져들어 간다.

정욕의 포로가 되어 어쩔 수 없이 된다든가 용모에만 구애되어 불안한 결혼을 하기도 한다.

융기되지 않은 사람 성격은 차갑고 어두운 음기의 느낌을 사람에게 준다. 애욕이 강하고 남의 일을 생각하지 않기 때문에 어느새 고독한 경우가 되고 만다. 건강도 별로 좋지 않은 편이다.

손 안에 미래의 모든것이 있다

월구(금성구와 대응하는 새끼손가락 밑부분)

금성구의 맞은편, 수성구 밑에서부터 손목의 위 부근까지를 월구라고 부른다. 달이라고 하면 매우 낭만적인 있지만 월구도 그 이름대로 공상이나 신비의 구라고 한다.이 구가 발달해있고 많은 세로 선을 볼 수 있는 경우 상상력이 풍부

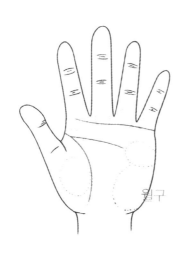

하여 발상이 독특하다. 어지럽게 변하는 현대 사회 속에서도 잇달아 새로운 유행을 만들어 나갈 수 있는 사람이다. 또한 월구는 다른 사람과의 관계, 인기, 선망 등의 의미도 있어 이 구가 풍부하거나 운명선이 이 구에서부터 출발하고 있는 사람은 주위로부터의 지원으로 성공한다. 월구가 작으면 현실적이고 상상력이 빈약하며 인기도 없는 것 같다.

공상의 신비성, 예술적 센스 등을 나타내고 있다.

융기되어 있는 사람 공상, 상상이 풍부하고 예민한 성격을 갖고 있으므로 문학, 예술 등의 세계로 뻗어갈 손질이 있

손 안에 미래의 모든것이 있다

다(단, 이 부분만 판단하지 말 것이다).

이 부분이 발달해 있어도 금성구가 발달하지 않은 경우는 이기적 되고 차거운 느낌의 사람이다.

지나치게 융기된 사람 과대망상광적인 경향이 나타나있다. 상식에서 벗어난 사고방식을 하고 허풍을 떨지만 잘 수습하지 못한다.

어디까지나 자기본위로 멋대로의 태도가 표면에 나타나므로 사람들한테서 경원되어 불행을 초래하는 일이 적지 않다.

융기되지 않은 사람 상상력이 모자라고 장래를 내다보지 못하고 사물을 표면만으로 판단하기 쉽다.

판에 박은 듯이 규칙적인 나머지 평범한 생활밖에 할 수 없다. 그러므로 인간미도 없고 언제까지나 진보가 없는 단순한 인간이라고도 한다.

손 안에 미래의 모든것이 있다

목성구(집게손가락이 붙은 부분)

검지 바로 밑에서부터 생명선 위 부근까지의 범위를 목성구라고 부르며 주로 향상심이나 야심, 독립심을 본다.구를 진단하는 데 있어서 먼저 중요한 것은 전체의 균형을 생각

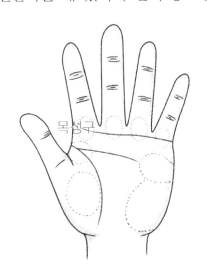

목성구

한 후 개개구의 부푼 정도를 조사하는 것이다. 통통하게 탄력이 있고 윤기가 아름다운 것이 제 1의 조건이 된다.다음으로 주의할 점은 구에 새겨져 있는 세로선이다. 이 세로선이 힘차게 많이 나와 있을수록 구의 의미가 강화된다.목성구가 크게 부풀어 있고 더구나 많은 세로선이 있으면 그 사람은 노력가로 향상심이 강한 사람이다. 그러나 이 구가 지나치게 발달해 있는 경우 야심이 너무 강해 꺼려진다.

인간의 향상심을 나타내나 특히 지배, 야심, 명예, 권세욕 등이 모양으로 나타나 있다.

손 안에 미래의 모든것이 있다

신체에서는 소화기의 건강도를 나타낸다. 주름에 의해 현재의 컨디션을 알 수 있다.

융기되어 있는 사람 사람에 사용되는 것을 싫어하고 자기의 능력으로 인생을 개척하려고 하는 독립심이 강한 성격이다.

밝고 쾌활하며 선량한 사람이 많으며 또 경제적으로도 유복하나 비교적 외골인 데가 있다. 생활력도 왕성하며 관리를 비롯 사회인으로서 성공할 타입이라 하겠다.

그러나 신분이나 지위에 구애되는 경향이 있어 명예를 버리고 실을 취하기가 어려운 성격이다. 회사원이라도 조합활동 등을 열심히 하기도 한다. 찬사와 아첨을 혼동하기 쉬운 면도 있다.

지나치게 융기된 사람 교만 무례한 성격으로 제멋대로인데다가 욕심이 많고 독점욕이 강해 적을 만들고 결국은 사람한데서 눈밖이 된다. 수입에 관계없이 허영심을 지나치게 부려 몰락해가는 케이스도 많다고 한다.

융기되지 않은 사람 향상심도 자존심도 없이 자연에 사용되는 것에 감수하고 시종 비굴한 태도인데 일생을 보낸다. 성공을 바랄 수 없는 타입이다.

손 안에 미래의 모든것이 있다

토성구(가운데 손가락이 붙은 부분)

중지의 바로 밑에서부터 감정선의 위 부근까지를 차지하는 구를 토성구라고 한다. 이 구의 의미로서는 인내력이나 지구력, 독립, 억제 등을 들 수 있다. 알기 쉽게 설명하자면 예컨

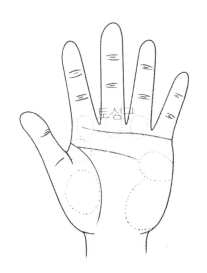

데 수험 공부나 수행 등을 최대한 부지런히 해내는 노력과 성실성을 쌓아가는 작업이다. 도중에 내던지거나 손을 떼어 버리는 사람도 있을 것이다. 그러나 이 구가 발달해 있는 사람은 인내력, 지구력이 강해 곤란과 싸우는 힘도 남보다 강한

노력가이다. 고독도 잘 견디므로 적적함에도 잘 견뎌낸다. 반대로 이 구가 작은 사람은 근면성이 부족해서 무슨 일에나 어중간한 경우가 많은 것 같다.

사려, 분별, 근면, 연구심, 고독감 등에 관련이 있다. 신체로는 혈관, 심장, 간장의 건강도를 나타내고 있다.

잔주름이 많이 나타나 있을 때는 신중함이 지나쳐 좀처럼

손 안에 미래의 모든것이 있다

생각대로 이를 진행되지 않는다든가 싫은 일이 일어나기 마련이다.

융기되어 있는 사람 사려, 분별이 있고, 지식용 왕성, 인내력이 강하고, 대단한 근면가이다. 대인관계는 원만하고 순박하여 신뢰할 수 있다.

지나치게 융기된 사람 우울증, 노이로제 등의 경향이 강해진다. 사교성이 부족하다기보다 시기심이나 경계심이 앞서고 흉금을 열고 사람을 대화하는 일을 끄린다. 자연히 배타적이 되고 자폐적인 경향이 강해져 간다.

학자나 종교가 등, 금전에 관계 없이 학문이라든가 신앙에 몇 10년이나 파묻혀 있는 사람은 이 부분이 발달해 있다.

융기되지 않은 사람 사려가 부족하기 때문에 사물을 간단히 결론 짓고, 경솔 등으로 하여 실패하는 수가 많다고 한다. 의리, 인정이 부족하고 의심이 많고 비관적인 견해를 갖고 있다. 젊은 사람은 융기되어 있지 않고 장래는 달라진다.

손 안에 미래의 모든것이 있다

태양구(약손가락이 붉은 경우)

약지의 바로 밑에서부터 감정선의 위 부근까지 퍼져있는 구를 태양구라고 해서 주로 인기나 영광, 명예나 예술성을 나타낸다. 이 구로 뻗는 세로선을 태양선이라고 해서 이 선

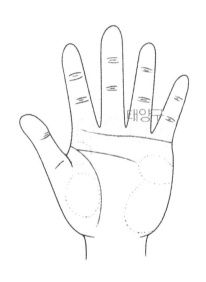

이 있는 사람은 다른 사람으로부터 사랑받기 쉬워 인기 장사에는 빼 놓을 수 없는 선이라고 한다. 태양구도 같은 운세를 나타내서 여기가 잘 발달한 사람은 인기, 존경을 받기 쉽고 성공을 손에 넣는다. 또한 자신을 잘 표현하는 천성을 타고 났으며 예술적 감각도 풍부하다. 이 구가 크고 더구나 훌륭한 태양선이 있으면 예능 관계나 손님 장사에는 안성맞춤이라고 할 수 있다. 태양구가 작고 더구나 세로선도 눈에 잘 안 띄는 사람은 타인으로부터 신용을 얻기 어려운 것 같다. 성실성이 몸에 배도록 유의하자.

금전운, 예술적 센스, 아이디어, 정신력 등을 나타낸다. 신

손 안에 미래의 모든것이 있다

체에서는 신경계통의 발달 상태를 나타내고 있다.

종의 주름이 확실하다든가 살붙임이 좋을 때는 강운이라 한다.

융기되어 있는 사람 개방적인 성격으로 희미애락의 감정은 확실히 얼굴에 나타낸다. 약간 감정적으로 조금 짜증내는 면도 있으나 사람에게는 친절하다.

심미안이 날카롭고 재능의 폭도 넓으며 찬스를 잘 포착하는 감각도 있고 명예와 부를 비교적 젊었을 때 손에 쥔다. 예술에 대해서 뛰어난 소질, 재능이 있는 사람이 많다고 한다.

지나치게 융기된 사람 허영심이 강하고 명예욕이 혈안이 되는 등 실질과 동반되지 않는 타입이다. 일도 연애도 차례로 대상을 바꾸는 등 하므로 변덕이 있다고도 하겠다.

융기되지 않은 사람 정열이 없고 전연 감동하지 않는다. 미적감각도 없이 인간적인 면이 결여되어 있다.

손 안에 미래의 모든것이 있다

수성구(새끼손가락이 붙은 부분)

새끼 손가락 밑에서부터 감정선의 위 부근까지의 범위를 차지하고 있는 것이 수성구. 여기는 장사, 전달, 통신의 구라고 불린다. 이 구에 나타나는 세로선은 재운선이라고 해서

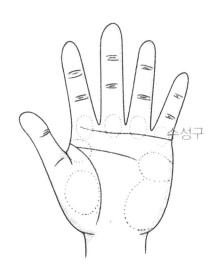

금전운을 부르는 매우 운 좋은 상으로 불리운다. 수성구가 크고 풍부하면 장사 재주를 타고 나서 부를 이룬다. 또한 기지가 풍부하고 화술도 탁월하기 때문에 세일즈맨 등의 직업을 선택하면 성공할 것이다. 반대로 이 구가 빈약하면 다른 사람과의 의사소통이 곤란하고 말 주변이 없으며 창의력, 연구력이 부족하다. 돈과는 별로 인연이 없는 인생을 보내는 것 같다. 또한 이 구가 발달해 있는 사람은 가정운도 좋아 옥동자도 많이 낳는다.

사교성, 기지, 연구심, 연설, 상재 등을 나타낸다. 신체에서는 흉부, 하반신의 건강도를 나타내고 있다.

손 안에 미래의 모든것이 있다

융기하고 있는 사람 머리의 움직임이 기민하고 회전이 빠르며 사물의 찬스를 포착하는 타입이다. 사교술이 뛰어나 있으므로 사람과의 교섭, 임기응변도 잘한다. 달변으로 설득력이 있고 부하를 자기 생각 대로 움직이는 능력을 갖고 있다.

깊고 조용한 표정의 소유자로 행복한 가정을 만든다. 법률가, 실업가, 외교관 등의 직업에 어울린다.

지나치게 융기된 사람 간특한 꾀가 있어 궤변가적인 성격이다. 강욕에 기우는 편이고 사람을 속인다든가 입발림쯤 태연히 한다.

배우자 외에 애인을 만든다 해도 곧잘 비밀을 지킨다.

융기되지 않은 사람 머리의 회전이 나쁘고 사교성이 결여되어 있으므로 교제범위도 좁고 한정된다. 일시적으로는 금전운이 있어도 곧 실패하고 만다.

손 안에 미래의 모든것이 있다

이 언덕에는 제 1화성구(목성구와 금성구의 중간부분), 제 2화 성구(수성구와 월구 중간부분)가 있다. 제 1을 「적극」, 제 2를 「소극」형이라 부르고 있다. 정의감, 공격력, 반발력을 나타내고 있다.

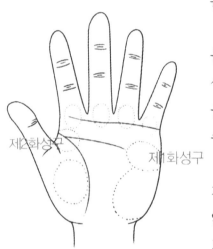

제 1, 제 2화성구가 더불어 융기해 있음이 이상적으로 의욕과 인내력을 갖고 인생을 걸어갈 수가 있다.

제 1화성구가 융기하여 제 2화성구가 융기되지 않은 사람은 무작정이 되기 쉬고 견실한 인생을 살아갈 수는 없다. 제 2화성구가 융기되어 제 1화성구가 융기되지 않은 사람은 모험적인 인생을 살 수가 없으므로 아무런 전진도 없고 싱거운 사람이라 할 수 있다.

제 1화성구가 융기된 사람 행동력이 풍부하여 한번 결심한 일은 곧 행동으로 옮겨 관철하는 의욕을 갖고 있다. 대단

손 안에 미래의 모든것이 있다

한 생활력의 소유자이다.

제 1화성구가 지나치게 융기된 사람 기가 거칠고 폭주하기 쉬운 성격이다. 후회하는 일이 많은 듯 하다.

제 1화성구가 융기되지 않은 사람 의지가 약한 타입이다. 출발은 좋아도 중도에서 정지하고 행동을 일으켜도 자신이 없어 중지하고 만다. 생활력이 약함으로 현대사회의 거친 파도를 이겨내기는 어렵다고 하겠다.

제 2화성구가 융기된 사람 외부로부터의 곤란, 신고에 견디며 내부의 욕구나 불만을 냉정히 억제할 수 있는 타입이다. 한 번이나 두 번의 실패는 고통으로 알지 않고 해내고만다.

제 2화성구가 지나치게 융기된 사람 밟히고 밟혀도 자라는 잡초처럼 강한 생명력이 있다. 지능이 뛰어난 사람은 한 가지 일에 파고들이 완성시키는 타입이다.

제 2화성구가 융기되지 않은 사람 고통을 견디지 못하는 약한 사람이다. 욕구, 소망이 실현되지 않는다고 알면 곧 비관적이 된다. 재능이 있어도 모두 중도하므로 불운한 인생을 보내는 수가 많다.

손 안에 미래의 모든것이 있다

언덕을 제외한 손바닥이 오목한 부분이다. 여기에는 오목하다기 보다 평탄한 것이 표준이다.

이 부분이 살찐 사람은 생활력이 왕성하다. 자아가 강하고 오만하고 강인해지는 수가 있다. 특히 오목한 사람은 생활력이 박약함을 나타낸다.

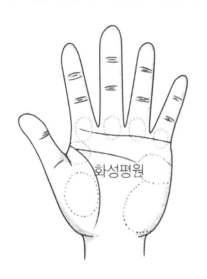

생명선(금성구)쪽으로 오목해진 사람은 가정적인 고민이 있든가 병약하다.

감정선(태양구, 수성구)쪽으로 오묵해진 사람은 애정문제로 번민을 일으킨다.

운명선(가운데손가락을 향해 상승한 선)에 따라 특히 오목해진 사람은 금전면으로 번민한다든가 대인관계로 실패하는 등 고독한 성격이다.

손 안에 미래의 모든것이 있다

기본적인 손금

생명선, 두뇌선, 감정선 3대선 이외도 여러 가지 선이 있다. 그러한 선을 잘 관찰하여 감정하는 것이 중요하다. 이 밖에 언덕이나 손 모양 등의 관찰도 필요하고 무엇보다도 인상과의 관련을 잘 보아야 한다(그림 4). 그리고 3대선의 감정은 원래부터 다른 주된 선에 대한 연구를 진행하기로 한다. 그러나 이것은 어디까지나 기본적인 것으로 현실적으로는 더욱 여러 가지 수상이 있으므로 거기는 공부해 가면 수학의 응용문제를 풀듯이 그 사람의 성격, 운명을 알게 되는 것이다.

3대선 이외의 손금은 크게 나누어 다음과 같다. 즉 운명선, 태양선, 결혼선, 희망선, 부감정선이다.

손 안에 미래의 모든것이 있다

생명선 보는 법

생명선이 길고 확실한 것은 건강하고 수명이 길다 하겠으나 결코 낙관해서는 안 된다. 건전하지 않다고 하여 비관할 필요는 없다. 다른 선과의 비교도 중요하며 그 사람의 생활 태도에 의해 변화하여 좋게도 나쁘게도 되기 때문이다.

좋은 생명선이란 출발점이 집게손가락과 엄지손가락 중간에 있고 한 선이 되어 중도에서 급히 구부러지던가 꺾기지 않고 손목까지 담홍색으로 중도에서 다른 색이나 반점이 없는 것이다.

손 안에 미래의 모든것이 있다

집게손가락에 가깝게 위에서 출발경우

야심만만하고 무슨 일에
나 적극적으로 대처하는
성격이다.
향상심, 공명심이 있으므
로 항상 전진자세로 살아
가는 의욕이 있다.

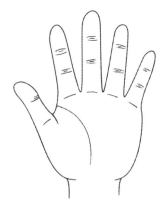

손 안에 미래의 모든것이 있다

엄지손가락에 가깝게 하부에서 출발하는 경우

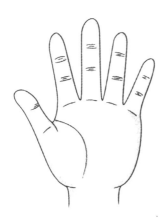

 적극적으로 사물을 처리
하는 의욕이 결여된 성격
이다.
 자기억제를 못하고 사람
과 다툼을 한다든가 상사
에 반항적이 되기 쉽다.
 두뇌선이 좋지 않으면
문제는 커진다.

손 안에 미래의 모든것이 있다

집게손가락에 가장 가까운 상부에서 출발하는 경우

야심에 넘쳐 자신만만하
고 적극적으로 무슨 일이
든 행동에 옮기는 성격이
다.
 근면한 면이 있고 자기
규제도 되며 목적을 향해
전진하여 달성하고 장수
의 상이다.
 손을 펼쳐보고 집게손가
락과 가운데 손바닥 측면
에 평행선을 긋는다. 실제로 볼펜 등으로 선을 그어보면 잘
안다.

손 안에 미래의 모든것이 있다

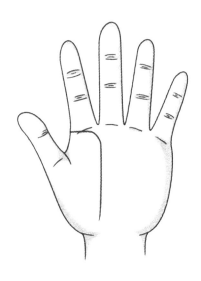

금성구에 가깝게 커브로 되어 있는 사람은 정신적으로는 무슨 일도 생각하나 물질적으로는 약한 성격이다.

현실의 격한 사회의 변화로 살아갈 의욕이 부족하고 몸도 건강하다고 할 수 없다. 남성적 매력에 결핍, 성적으로도 약하다.

손 안에 미래의 모든것이 있다

하강하여 월구로 향하는 경우

물질적인 것에는 별로 관심이 없고 정신적인 면을 중시하는 성격이다. 그러므로 현실생활을 강하게 사는 능력이 결핍되고 금전면에서는 풍부치 못하다.

보통의 이런 경우는 허약체질이 많이 있다고 볼 수 있다.

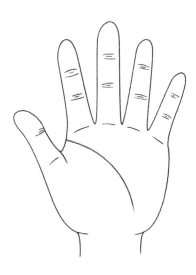

손 안에 미래의 모든것이 있다

말단이 작게 두 갈래로 갈라진 경우

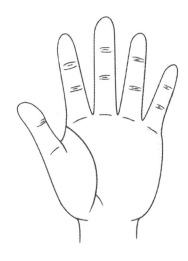

생명선은 말단에서 여러 번 변화한다.

그것에 의해 그 사람의 건강상태, 정력 등을 알 수 있으므로 치료, 휴양 등을 생각하는 게 중요하다.

그 연령에 건강을 해친다든가 과로가 되기도 한다.

연령은 앞의 유년법으로 대체적인 일을 할 수 있다.

노년기에 해당하므로 나이에 따라 과로 따위를 생각지 않고 정밀검사를 하는 등 조기 예방과 충분한 휴양이 중요하다.

손 안에 미래의 모든것이 있다

말단이 크게 갈라져 공간이 넓은 경우

여러 가지 일이 있다. 주거가 변한다든가 전직 등 환경의 변화를 나타내고 있다.

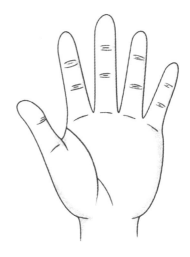

이 선이 있는 사람은 중년까지의 활동 중에 물질적 정신적으로도 생활을 충실하게 해둘 필요가 있다.

그러나 육체적으로도 불안이 있고 싫증이 나기 쉬운 성격이므로 중년까지 그러한 일의 실행이 어렵다고 하겠다.

생명선에서 갈라진 선이 수경선을 향해 직하하고 있으면 늙으면서 정력이 성하는 타입으로 만년운이라 한다.

이 밖에 갈라진 선이 월구를 향해 있으면 생식기, 신장, 간장 등에 장해가 일어나기 쉽다고 한다.

갈라진 선이 구불구불한 것은 일찍 노화하고 가정적으로도 평화롭지 못하다.

손 안에 미래의 모든것이 있다

생명선을 가로지른 선

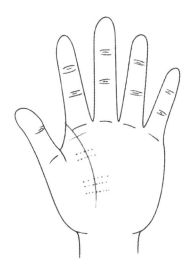

생명선에 다른 선이 횡단해 있는 경우 여러 가지 사건이 일어난다 하겠다.

그림과 같이 한 가닥의 다른 선이 횡단하고 있음은 돌발적인 병, 재난이 일어나 생명의 위험성마저 있으므로 충분한 주의를 요한다.

두 가닥의 선이 있는 것은 소화기 계통이 약한 사람에서 흔히 발견된다.

세 가닥이나 가로지른 경우는 그 연대에 제3자로부터 간섭 개입을 받아 정신적인 타격이 크고 실의에 밑바닥이라는 것은 나타내고 있다. 여성의 경우는 허약체질이기도 하다.

손 안에 미래의 모든것이 있다

가지런하지 않은 생명선

생명선이 중도에서 끊긴 경우 그 연령인 때 큰 병에 걸리는 수가 있다. 그리고 끊겨 있는 간격이 길수록 나쁘다고 한다.

선이 중도에서 끊겨 있어도 평행선이 있으면 큰 병에 걸렸어도 회복이 빠름을 나타낸다.

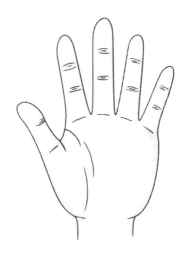

손 안에 미래의 모든것이 있다

둥도에서 끊긴 생명선

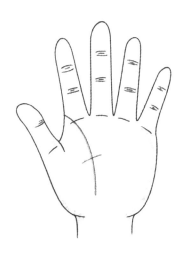

선이 중도에서 끊기고 횡선으로 끊겨 있을 경우, 병에 걸리기 쉽고 양손의 선이 같으면 회복은 어렵다고 하겠다. 그러나 한쪽 손이 끊겨 있지 않으면 빨리 회복되므로 이 때에는 양손을 보는 것이 필요하다.

이 밖에 선이 끊긴 데가 어긋나 있는 것은 끊긴 데에서 큰 병을 앓는다. 작게 사행하여 층층으로 되어있는 여성은 난병의 상이다. 점선처럼 갈기갈기 끊겨 있는 것은 소화기, 호흡기 계통이 나쁘다.

손 안에 미래의 모든것이 있다

두뇌선 보는 법

두뇌선은 손바닥 한가운데를 비스듬히 가로지르는 굵은 선을 가리키는데 재능이나 지적 능력, 직감 능력, 부모로부터의 유전관계 등이 나타난다. 태양구의 중심에서 선을 곧장 내려 그었을 때, 그 선까지가 두뇌선의 표준 길이.

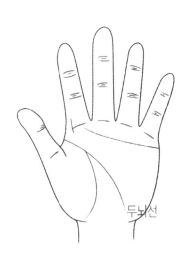

두뇌선

이 선도 생명선과 마찬가지로 가늘고 길고 깊되 끊긴 데가 없어야 총명하고 지능이 발달한다. 만약 이 선이 넓고 얕고 빛깔이 선명치 못하고, 끊기거나 짧으면 지능 수준이 모자란다고 봐도 된다. 두뇌선이 선명해서 손바닥 끝부분에 거의 이르는 정도이면 천재요, 이 선이 손바닥 반 정도에 불과하면 바보의 상이라고 한다. 그러나 대개는 이 선의 길이와 깊이도 비슷하여 두뇌의 기준을 가능하기는 어렵다고 합니다.

두뇌선이 한 줄로 나가다가 갈라진 경우는 여러 방면에 재능과 소질이 있는 것으로 추리해도 된다.

두뇌선이 생명선 쪽으로 따라가면서 길게 뻗은 사람은 현실보다 이상을, 물질보다 정신적인 것에 비중을 더 둠으로써 학문/예술/연구 방면에는 뛰어나지만 경제면에 뒤떨어져 다른 사람의 뒷바침이 있어야 성공하는 운이다.

만약 같은 두뇌선을 가진 사람이 결혼을 하게 되면, 애정에는 만점이지만 경제에 뒤떨어져 심한 경제난을 겪게 된다. 생명선을 따라 길게 뻗은 두뇌선은 선명한 지능선을 갖되, 감정선 쪽으로 뻗은 두뇌선의 배우자와 결합해야 생활력이 강하고 현실성에 밝으며 의지가 굳어 초지일관하는 끈기가 있다고 한다. 그러나 두 사람이 모두 감정선 쪽으로 뻗은 두뇌선끼리 만나는 것은 애정이 냉담하고 삶이 단조로워 돈만 아는 수전노식 부부가 될 우려가 있다고 한다.

손 안에 미래의 모든것이 있다

생명선 상부에서 출발

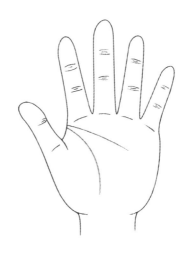

사물에 대한 판단이 뛰어
나고 미래를 예측하는 능
력도 있지만, 매사 신중하
게 생각하고 행동하는 타
입. 상식적이고 원만하며
균형감각이 있는데, 이것
이 바로 성공의 열쇠가 된
다. 높은 이상과 꿈을 가
지고 살아가면서도 결코
치우치지 않는 균형감각
을 갖추고 있는 사람으로 조직의 관리직에 가장 적합하다.

생명선과 스칠 정도의 상부나 약간 위에서 출발하고 있는
것은 목적을 향해 전진하고 활발한 행동력을 갖고 있다.

타인의 힘에 의존하지 않고 독립독보의 정신 소유자이다.
더구나 자신에 차 있고 자기의 마음을 억제할 수 있는 전형
적인 남성적 성격이라 하겠다. 조그만 파란이 있어도 극복
해 나가는 타입이다.

손 안에 미래의 모든것이 있다

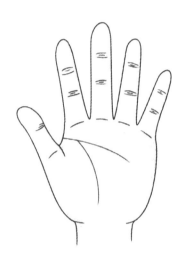

신중하고 주의력이 깊으며 상식적인 사람으로, 계획성 있게 행동하여 감정 때문에 일을 그르치는 경우가 거의 없는 타입. 성격도 좋고 마음도 약한 편이지만 지나치게 이론적이라는 단점이 있다. 생명선 아래쪽에서 시작될수록 소심하고 겁이 많다. 도박이나 경마, 경륜 같은 승부에는 약한 편이므로 괜한 호기를 부려 모험하지 않는 것이 좋다. 큰 실패도 없고 큰 성공도 없으나 노력하는 자세가 운을 좋게 해준다.

두뇌가 우수한 성격의 소유자이다.

지긋이 생각하고 신중히 행동하기도 한다.

돌다리를 세 번 두들겨도 다시 한번 두들기는 성격이다. 그러므로 큰 실패는 없으나 찬스를 놓치고 후회하는 수가 곧잘 있다.

손 안에 미래의 모든것이 있다

생명선 아래서 출발

신경질적이고 소심한 성격으로, 무슨 일이든 쉽게 지치는 타입. 기점이 생명선 안쪽으로 깊이 들어가 있을수록 사물을 판단하는 능력이 떨어지고 결단력이 부족하며 남의 일에 간섭하기를 좋아한다. 객관적인 판단 능력을 갖추고 여유를 가지고 끈기 있게 일을 추진한다면 성공할 수 있다.

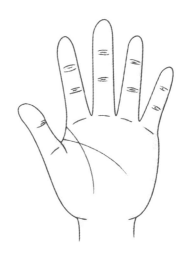

신경과민으로 작은 일로 흥분한다든가 곧 감정적으로 되기 쉬운 성격이다. 그러나 상식은 풍부하고 계획성은 있다.

사람을 좋아하는 면도 있지만 적극성이 결여되고 우수한 두뇌를 갖고 있어도 실력을 충분히 발휘하지 못하는 것이 단점이다. 그래서 대인관계가 원만하지 못하다.

손 안에 미래의 모든것이 있다

생명선과 동떨어진 위에서 출발

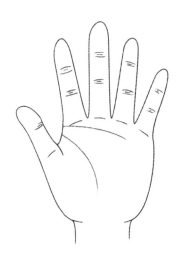

생명선에서 떨어져 출발하는 두뇌선을 지닌 사람은 자신감 있고 대담하며 독립심이 강한, 적극적인 행동파이다. 그러나 신중히 생각하지 않고 행동하기 때문에 크게 성공하거나 크게 실패하는 극단적인 결과를 보일 수 있으며 자신감을 잃으면 매력이 반감된다. 이런 타입은 자신이 강하고 우수하다는 생각을 잃지 않는 것이 성공의 비결. 여성인 경우에도 최고의 주부라는 자신감을 가져야 가정을 행복하게 꾸려나갈 수 있다.

 생명선과의 간격이 덜어질수록 사려의 깊음보다는 행동의 강함을 나타내는 성격이다.

 계획성이 없이 생각나는 대로 행동을 하며 많이 떨어져 있는 경우는 분별 없는 일을 저지르기도 한다.

손 안에 미래의 모든것이 있다

생명선과 평행하고 화성평원에서 끝나는 경우

두뇌선은 커브에 의해 여러 가지 성격, 운명을 그려내고 있다.

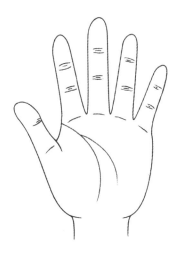

사물을 공상적으로 생각하고 현실에 별로 맞지 않는 성격이다.

생활에 활기가 없고 행동력이 부족하고 의뢰심이 강하여 살아가기에는 고생이 많다고 하겠다.

손 안에 미래의 모든것이 있다

혈구에서 끝나는 경우

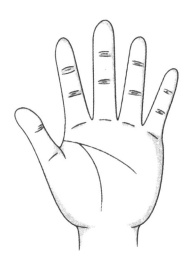

상상력이 있고 예리한 센스도 있는 성격의 소유자이다.

사고방식은 현실적이며 의지가 강하고 행동력도 있어 사회에서 활약할 수 있는 타입이다.

손 안에 미래의 모든것이 있다

부분이 크게 두 갈래로 갈라져 있는 경우

끝부분이 크게 두 갈래로 갈라져 있는 두뇌선은 다양한 능력을 갖추고 있음을 뜻한다. 제2 화성구를 향하는 선은 현실적 재능, 월구를 향하고 있는 것은 상상력과 예술적인 재능을 의미한다. 이 같은 타입은 사무직에도 어울리고 장사에도 소질이

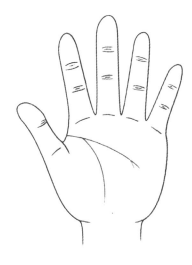

있다. 만약 끝부분이 약간만 갈라져 있다면 비슷한 분야의 두 가지 재능을 갖추고 있다고 볼 수 있다.

수평으로 뻗어 월구로 향해 하강한 경우

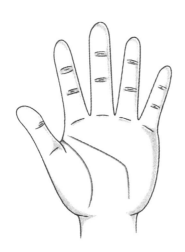

이상적인 사고방식의 소유자인 동시에 창조력이 풍부한 성격이다.

치밀한 계산을 하고 행동하기 때문에 자기의 지능을 사용하여 성공할 수 있는 타입이다.

손 안에 미래의 모든것이 있다

완전히 손바닥을 가로지른 경우

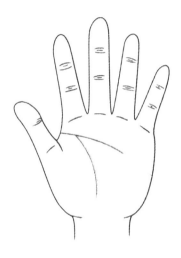

일자 손금손바닥을 둘로 나누듯이 감정선과 합쳐지면서 가로지르는 두뇌선을 일자 손금이라 하는데, 이 손금을 지닌 사람은 두뇌 회전이 빠르고 기회를 포착하는 재능이 뛰어나다. 금전적인 운을 타고났지만 도가 지나치면 평판이 나빠진다. 여성은 기가 강해서 굉장한 능력을 발휘한다. 어려운 상황에 부딪쳐도 쉽게 좌절하지 않는 타입이다. 한마디로 일을 시작하면 끝을 보고 마는 근성을 지닌 강한 정신력의 소유자이다.

손 안에 미래의 모든것이 있다

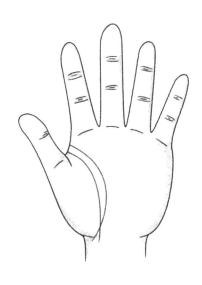

소심하고 기가 약한 면이 있으며 다분히 우울한 성격이다.

두뇌선은 말단에서 변화가 있고 그것에 의해 그 사람의 성격 등을 나타낸다.

두뇌선이 두 갈래로 갈려 있는 경우는 일명의 재능이 있다. 이것은 양친의 성격 차이를 이어받았다고 할 수 있고 직감력이 예리하고 결단력이 있으며 사물을 잘 처리한다. 사교성도 풍부하다.

두뇌선이 두 가닥으로 갈라져 위의 선이 위로 향해 있는 경우는 상상력이 풍부하여 장사나 영리적 사업을 하면 성공할 수 있다.

두뇌선의 말미가 갈라져 있는 경우는 성격이 너무나 감정적이고, 변덕스러우며, 침착성이 없어 현실적으로 어떻게 살아가는데 문제가 있다.

손 안에 미래의 모든것이 있다

두뇌선에 확실히 횡단선이 짧게 나타나 있고 두뇌선이 월구로 흐를 경우

무언가 한 사건에 열중하는 성격이라 할 수 있다.

솔직하지 못한 성격으로 다른 사람에 대한 의심이 많아 쉽게 마음을 털어놓지 않는다. 남성인 경우에는 소극적인 성격을 적극적으로 바꾸어 대인관계를 넓히는 것이 성공 비결. 여성인 경우에는 변덕이 심하고 시기심과 질투

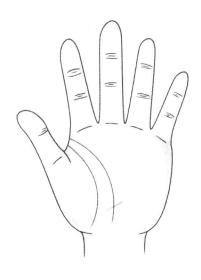

심이 강해 남성을 지치게 만들기 쉬우므로 폭넓은 이해력을 갖는 노력이 필요하다.

두뇌선에 몇 가닥의 횡단선이 있는 경우 일에 있어서나 정신적인 충격에 의해 변화가 일어난다.

사회나 인생에 대하여 항상 회의적인 생각을 갖고 있는 사람이고 작은 일에도 분노를 느끼는 성격의 타입이다.

가지런하지 않은 두뇌선

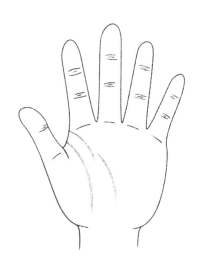

두뇌선이 확실히 중도에서 끊긴 경우 유년법에 의해 그 연령인 때에 생각지 않은 재난이 있던가 병에 걸릴 위험성이 있다.

흔히 있는 것은 두뇌선이 끊겨 있고 그것이 3미리 정도 겹쳐있는 경우 두뇌에 무슨 장해라든가 지장이 일어남을 의미하고 있다. 이것은 때로 사상적인 대전환이라고도 볼 수 있으나 두부의 부상 등을 나타내는 수가 많으므로 주의를 해야 한다.

두뇌선이 쇠사슬처럼 되어 있는 경우 사고력이 산만하고 지능도 낮다. 발끈하기 쉬운 성격으로 한 가지 일을 끈기 있게 해내는 힘이 없어 고생하는 타입이다.

손 안에 미래의 모든것이 있다

조금 끊기고 두뇌선이 연결되어 있는 경우

사고력의 약하여 앞서 한
말을 곧 바꾸는 등 신뢰할
수 없는 성격이다.

두뇌선이 점선으로 되어
있는 경우 지능이 모자라
고 사물의 판단이 약해 소
극적인 성격이고 건강이
좋지가 않다.

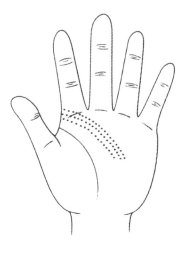

손 안에 미래의 모든것이 있다

감정선 (애정선) 보는 법

애정선이라고도 불리며 감정과 애정의 깊이, 희로애락의 표현, 심장의 좋고 나쁜 상태를 판단하는 기준이 된다. 상처 없이 깊이 파이고 완만한 곡선을 이루고 있으며, 위쪽으로

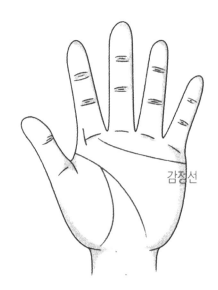

감정선

뻗어 올라간 지선이 좋은 감정선이다.

사람의 성격을 나타내기도 하는 데, 감정선이 갈라지지 않고 깊고 선명하게 외줄로 뻗은 사람은 주관이 뚜렷하고 끈기가 있으며 한 가지 일에 착수하면 기어코 해내고야 마는 성미란다. 누워서 공상하기 보다는 직접 현실과 부딪쳐 일하면서 그

일의 형태에 따라 그때그때 적절한 처방을 내리는 성격으로 수완가형이라서 성공률이 매우 높다고 한다.

감정선이 새끼줄같이 꼬여져 나간 사람은 감정이 매우 풍부해서 문학/예술 방면에 뛰어난 소질이 있다. 그러나 쉽게 권태를 느끼고 지나친 감상에 빠져 현실을 외면하게 될 우

손 안에 미래의 모든것이 있다

려도 있다.

 이런 사람끼리 만나면 연애 시절에는 무지개를 타고 하늘에 오르는 것처럼 황홀해도 부부가 된 뒤에는 권태기가 빠르게 오고 발전이 느리다.

 감정선이 끊긴 데 없이 선명하고 중간이나 끝부분의 한두 군데가 새끼처럼 꼬인 듯 다시 한 줄이 되어 길게 뻗으면 길상으로 이런 사람끼리의 만남은 행복한 부부 생활이 될 것이다.

 감정선이 많이 갈라지거나 계속 꼬여져 나간 남성이나 여성은 감정선이 외줄로 선명하게 나간 남성이나 여성과 결혼하면 좋다.

 감정선이 두뇌선과 일직선으로 연결되어 소위 '막쥔 손'의 손금을 가진 사람은 큰 부귀를 얻기는 어렵고, 머리가 매우 영리한 사람이 아니면 어리석은 사람이다.

 특히 이기적인 경향이 농후하고, 무슨 일에나 자기 중심으로 처리해 나가기 쉽다. 이런 손금끼리 남녀가 부부로 맺어지는 것은 좋지 않다. 막쥔 손의 소유자는 기발한 아이디어를 창출해 내서 세상 사람들을 놀라게 하는 경우도 있지만, 자기 자신을 지나치게 과대 평가하여 남의 의견을 수용하지 않기 때문에 실패의 쓴 잔을 마시는 수도 많다.

손 안에 미래의 모든것이 있다

가운뎃손가락의 중심에서 아래쪽으로 곧게 선을 그어 감정선의 끝과 만나는 것이 감정선의 표준 길이다. 즉, 그 이상이면 감정선이 긴 편이고 그 선에 미치지 못하면 짧은 편에 속한다. 약간 긴 정도라면 따스한 애정을 가지고 있는 것으로 보지만 독점욕이나 질투심이 강하며 이성적 판단보다는 정에 이끌리기 쉽다. 한편 표준보다 유난히 짧은 경우에는 심장 계통의 병을 앓기 쉽다고 보는데, 애정이 부족하고 이기적이며, 인정이 부족해 진실한 친구를 얻기 어려운 타입일 수 있다.

길이의 장단으로 판단하는 경우
가운뎃손가락의 중심에서 아래쪽으로 곧게 선을 그어 감정선의 끝과 만나는 것이 감정선의 표준 길이다. 즉, 그 이상이면 감정선이 긴 편이고 그 선에 미치지 못하면 짧은 편에 속한다. 약간 긴 정도라면 따스한 애정을 가지고 있는 것으로 보지만 독점욕이나 질투심이 강하며 이성적 판단보다는 정에 이끌리기 쉽다. 한편 표준보다 유난히 짧은 경우에는 심장 계통의 병을 앓기 쉽다고 보는데, 애정이 부족하고 이

손 안에 미래의 모든것이 있다

기적이며, 인정이 부족해 진실한 친구를 얻기 어려운 타입
일 수 있다.

두뇌선이 짧은 경우
애정문제 등으로 싸움이 일어나기도 한다.
짧은 사람은 애정이 박하고 이기적이며 냉담한 성격이므로
대인관계가 좋지 않고 고립되는 성격이다.

종점이 집게손가락 하부, 목성구로 뻗어 있는 경우

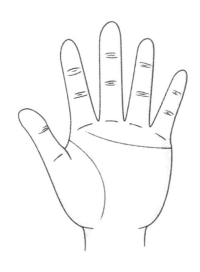

약간 긴 편으로 애정이 깊어서 이성뿐 아니라 모든 사람에게 인정을 베푸는 성격이며, 특히 가족에 대한 사랑이 깊다. 이런 감정선을 가지고 있는 사람과 결혼하면 화목한 가정을 꾸릴 수 있다. 바람을 피우거나 불륜 등을 저지를 가능성은 낮지만, 그만큼 성격이 결벽증에 가깝고, 좋아하고 싫어하는 감정이 분명하기 때문에 마음에 들지 않는 사람과는 쉽게 어울리지 않는다.

애정이 풍부하고 동정심이 강하며 우정에 두터운 성격으로 남자가 여자에 대한 순정이 지나칠 수가 있다.

손 안에 미래의 모든것이 있다

종점이 집게손가락 밑으로 뻗은 경우

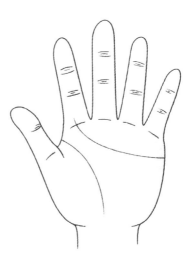

감정선이 매우 긴 편으로, 애정이 넘쳐 쉽게 감정에 이끌리며 한번 좋아진 상대에게는 헌신적으로 봉사하는 타입. 남성인 경우에는 여자 때문에, 여성인 경우는 남자 때문에 문제를 일으키기 쉽다. 이런 감정선을 가진 사람은 애정을 바치는 만큼 상대방에게 배신당했을 때 느끼는 충격도 매우 크다. 가끔은 냉정한 모습으로 자신의 사랑을 되돌아볼 필요가 있다.

대단히 애정이 깊고 청순한 성격의 소유자여서 직선적인 면이 있고 상대를 너무 믿어 배신당하는 경우도 있다.

감정선이 목성구 바깥쪽으로 뻗은 경우

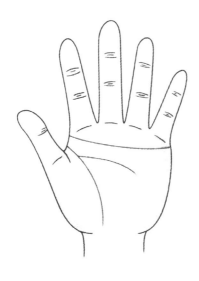

너무 긴 감정선을 갖고 있는 사람은 애정이 지나쳐 독점욕이 강하고 자기본위의 성격의 소유자이다.

그래서 질투심이 강하기 때문에 사물을 왜곡해서 생각하는 면이 있어서 그 때문에 애정문제로 트러블을 일으키기 쉽다.

손 안에 미래의 모든것이 있다

집게손가락과 가운데손가락 사이로 뻗어 있는 경우

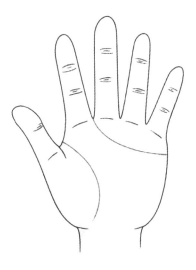

커브가 적을 경우에는 애정 면에서 자제력이 있는 타입으로, 이성에 대해 다소 소극적이며 애정 표현도 서툴다. 커브가 클 경우에는 애정 표현에 능한 타입이며 이상도 높다. 때로 이상이 너무 높은 나머지 상대를 선택하지 못해 혼기를 놓치는 경우도 있다. 두뇌선이 직선이라면 문제되지 않지만 월구 아래쪽으로 내려가 있다면 이상에 지나치게 얽매여 공상 속에서 살게 되는 경향이 있다.

애정은 대단히 두껍고 양식을 갖고 있어 성실히 사물에 대처해 나가는 성격이다.

육체적으로는 조숙하고 애정문제가 일어나도 착실하게 잘 처리해 나간다.

종점이 토성구와 목성구 사이에 멈춰있는 경우

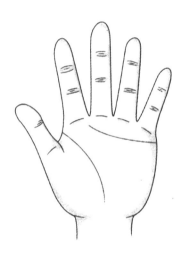

지선이 없는 경우에는 자기 중심적인 애정을 내세우는 타입이다. 이성뿐 아니라 자식에게도 맹목적인 애정을 쏟는데, 이성에 대해서는 쉽게 뜨거워지고 쉽게 차가워지는 성격. 일직선이고 짧은 경우에는 냉정한 사람으로 매우 이성적인 스타일. 자신의 마음을 상대방에게 전하거나 상대방의 마음을 전달해줄 수 있는 친구를 가지는 것이 중요하다.

깊고 강한 애정이 있어도 그것을 억압하려는 자제심이 강하므로 이성에 대해서는 소극적인 행동을 취하는 소유자이다.

사랑할 사람이 있어도 절대로 애정고백을 하지 않는 타입이다.

손 안에 미래의 모든것이 있다

종점이 생명선, 두뇌선 출발점에 합류한 경우

격정적인 데에 감정이 완고하여 사려분별이 없고 동정심이 없어 대인관계가 잘 성립되지 않고 가정도 원만하지가 않은 타입이다.

현실적으로 타인에게 곧잘 이용되는 수가 많아 손해 보는 성격의 소유자이다.

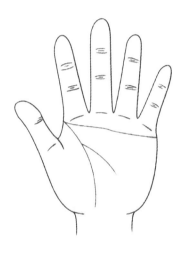

여자가 이 손금을 가진 경우 여자다움에 결여되어 애정에 기복이 심한 성격이어서 남자의 참된 애정을 붙잡지도 못하고 자기의 본심은 고백도 못하는 경우가 있다.

종점이 두뇌선으로 들어갈 경우

애정보다도 일만 아는 성격으로 그 때문에 타인에 대한 동정심이 없다.

직무 일변도라는 것은 어떤 면에서 보면 좋은 일이나 애정면에서 보면 좋지가 있다.

감정선 끝의 모양을 보고 운명을 알 수 있다.

감정선 말단의 변화에 의해 그 사람의 성격이나 운명을 볼 수가 있다.

손 안에 미래의 모든것이 있다

말단이 두 가닥으로 갈라져 한가닥이 목성구 한가닥이 접게 사이로 들어간 경우

정이 풍부한 성격으로 즐거운 애정생활을 보낼 수가 있다. 연애할 때 라이벌이 있어도 승리자가 될 수 있다.

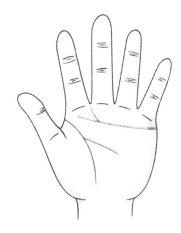

말단이 두가닥으로 갈라져 목성구와 화성구를 향해 있을 경우

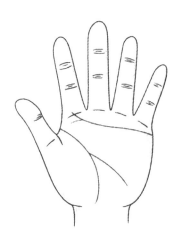

쉽게 뜨겁고 쉽게 식는 성격이어서 연애를 해도 곧 권태로워 길게 계속하지 못한다. 그러면서 연애에 이별을 하면 정신적인 타격을 받는다.

아래를 향하고 있는 선이 엄지손가락까지 뻗어 있으면 그 때의 쇼크를 강하게 나타내고 있는 것

이다.

손 안에 미래의 모든것이 있다

끝이 세 갈래로 갈라져 있는 경우

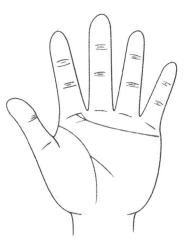

성격이 섬세하고 사교적이어서 누구에게나 귀여움을 받는 타입. 하지만 여러 분야에 재능이 있어 한 분야에만 열중하지 못하는 등 팔방미인인 점이 오히려 단점으로 작용하는 경우가 있다. 독단적으로 보이는 것이 흠이지만 행복한 애정운을 타고났다. 인정이 많고 누구에게든 상냥하게 대하는 성격으로 어떤 사람과도 거리를 두지 않고 대한다. 그러나 누구에게나 다정한 반면 한 사람을 선택하는 데에는 서툴다는 단점이 있다. 간호사나 유치원 교사 등의 직업도 어울린다.

팔방미인격인 애정의 소유자이다.

끝 근처에 가는 선이 있는 경우

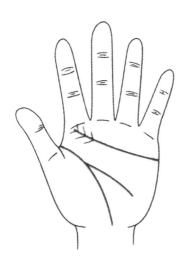

감정선에는 여러 가지 지선이 있다.

가는 선이므로 주의해 보아야 한다.

지극히 자상한 애정의 소유자로 길상이라 애정이 넘치는 가정을 영위할 수 있겠다.

손 안에 미래의 모든것이 있다

감정선에서 가는 선 여러개가 나와 있는 경우

가는 선의 수가 많으면 많을수록 애정관계에 문제가 생기고 때로는 비애를 느끼는 수도 있다. 연애문제에 어떤 장해, 지장이 일어나는 것을 나타내는 선이다. 이성관계가 복잡한 사람에 나타나는 선이다.

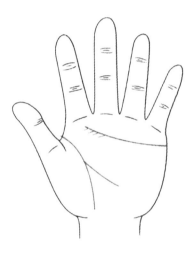

하강선이 두뇌선에 접하고 있으면 애정 문제가 생각지 않은 파국으로 치닫게 된다. 가정이 있는 경우 가정이 파괴될 만큼의 심각한 애정문제가 일어난다.

이런 선이 나와 있으면 충분히 주의해야 한다.

손 안에 미래의 모든것이 있다

가는 선이 몇 가닥이나 위로 향해 있는 경우

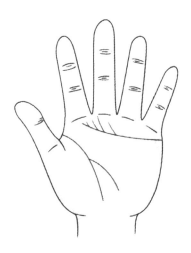

애정관계에 대해서는 밝고 낙관적인 사고방식을 하는 성격이다. 그러므로 행복한 애정을 얻을 수가 있다. 애정만이 아니라 우정도 풍부하다.

손 안에 미래의 모든것이 있다

감정선의 출발점 가까이에서 두, 세 가닥의 가는 선이 상승하고 있는 경우

위트나 유머가 풍부하고 애정표현이 교묘하므로 남성에게 나 여성에게도 연애의 기쁨을 알고 가정생활도 원만하다.

출발점의 상하에 가는 선이 있는 경우

이 지선은 수성구에 나타나는 자녀선과 함께 보는데, 자식이 몇 명인가를 판단하는 데 사용한다. 이 지선이 전혀 없는 경우 자녀운이 없다고 볼 수 있다.

또한 결혼문제에 지장이 있음을 나타내고 있다.

손 안에 미래의 모든것이 있다

감정선에 평행한 이중 감정선 보는 방법

감정선 옆에 평행으로 달리는 또 하나의 감정선이 있는 경우를 이중 감정선이라고 부르는데, 두 개의 감정선은 두 사람의 감정, 두 사람의 인격을 나타낸다. 따라서 이런 손금을 가진 사람은 정열적이고 정신력이 강하여 어떤 어려운 상황에 빠지더라도 결코 좌절하지 않는다. 여성은 사회에 진출하면 의욕적인 활동을 펼치고, 전업주부라면 가정을 확실하게 운영해 남편에게 가사일을 의존하는 경우가 거의 없다.

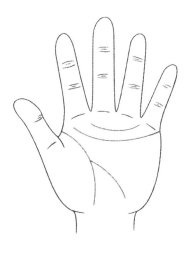

정이 깊고 애정표현이 교묘한 데에다 사교성도 풍부하므로 소위 팔방미인형이다. 건강하고 정력적이라 할 수 있다.

여자의 경우 애정이 풍부한 생활을 할 수 있는 길상이다.

감정선에 평행한 이중 감정선 보는 방법

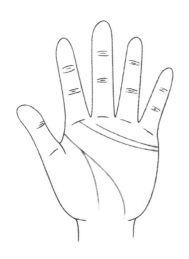

전형적인 이중 감정선으로 건강하고 정력적, 강한 애정의 소유자이다.
여자의 경우 결혼해도 가정 운이 없어 독신으로 일하는 편이 적당한 타입이다.

감정선이 한 가닥선으로 되어 있지 않고 중도에서 끊겨 있는 등 가지런하지 않는 경우 애정관계의 단절을 의미하고 즐거운 애정생활은 오래가지 않는다.

손 안에 미래의 모든것이 있다

운명선 보기

운명선은 어디서부터 출발했든 토성구, 즉 가운뎃 손가락을 향해 뻗어 있는 것을 좋은 상으로 여긴다. 그리고 운명선은 운세의 강약과 사회생활을 판단하는 기준으로도 사용된다.

대부분의 남성은 이 선이 있고 중지나 약지 아래 부분까지 뻗어 올라가면 대성한다고 한다. 그래서 나폴레옹은 자기 스스로 칼로 짼다는 설도 있다.

여성은 대개 독신녀에게 이 선이 있다고 한다. 혼자 호주가 되어 남의 지배를 받지 않고 살아간다는 의미가 있는 선이므로 여성의 경우는 혼자 살아가야 하는 운명이요, 결혼하여 남편이 있더라도 중간에 이별하거나 자기 주장이 강하다.

공처가가 되기 싫은 남성, 아내에게 주도권을 내주기 싫은 남성은 이런 여성과의 결합은 고려해 봐야 한다.

그러나 경제력이 약해 맞벌이를 하려하거나, 어떤 사업체 한 두개를 아내에게 맡길 수 있는 남성이라면 도리어 좋은 배필 감이라고 한다.

손 안에 미래의 모든것이 있다

손목선 부근에서 출발하는 경우

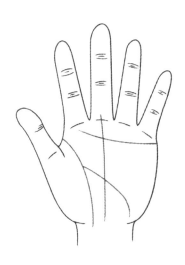

손목 부근의 손바닥을 이 등분하는 중심 부분에서 출발한 경우에는 어린 시절부터 좋은 환경에서 자랐다고 본다. 이 선이 곧장 위를 향해 뻗어 있다면 흐트러짐 없이 행복한 운세를 타고난 것. 부모의 사랑을 듬뿍 받고 자라지만 자기 중심적인 성격 때문에 주위 사람들로부터 독단적인 사람이라는 평가를 받기 쉽다. 자기 주장과 신념이 확고하기 때문인데, 그렇다고 독단적이기만 한 고집쟁이는 아니다. 어려운 상황에 놓인다 해도 뜻밖의 인물이 나타나 도움을 주는 등 어떻게든 그 궁지에서 빠져나올 수 있는 계기가 마련되므로 용기를 잃지 말고 이상을 품고 살아야 한다.

손 안에 미래의 모든것이 있다

생명선 위에서 출발하는 경우

인생의 시련을 딛고 일어나 승리와 성공을 거머쥘 길상으로, 노력에 의해 운을 열어간다. 선이 잘 발달하지 않았다고 해도 생명선에서 작은 지선이 나와 있다면 자기의 노력과 의지력으로 운이 열릴 가능성이 크다. 따라서 큰 꿈을 가지고 끊임없이 노력하는 태도를 갖추어 주어진 운을 살릴 줄 아는 지혜가 필요하다. 다른 사람과 쉽게 타협하거나, 좌절하여 노력을 게을리 한다면 아무것도 얻지 못하는 결과를 낳을 수 있으므로, 노력만이 성공의 지름길이라는 사실을 잊어서는 안 된다.

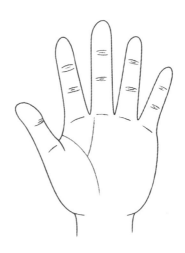

손 안에 미래의 모든것이 있다

철구 위에서 출발하는 경우

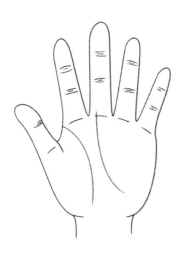

다른 사람으로부터의 인기나 도움을 받아 운이 열릴 타입. 자신의 꿈이나 희망을 글로써 표현하는 능력과 독창적인 아이디어로 인기를 얻는다. 이런 선을 지닌 사람은 대부분 행복한 인생을 보낸다.

손 안에 미래의 모든것이 있다

두뇌선 위에서 출발하는 경우

재능과 지혜를 살려 운을 열어갈 타입으로 장사 수완이 좋다. 어린 시절이나 청년기에는 운이 뛰어난 편은 아니지만 중년, 즉 35세 이후부터 운이 열리기 시작한다.

손 안에 미래의 모든것이 있다

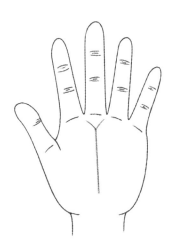

두 갈래로 갈라진 것은 두 가지 직업을 갖게 된다는 것을 의미하는 것이다.

주의해야 할 것은 사업을 하고 있는 사람이라면 망하게 될 수도 있고 그렇지 않으면 이사를 가게 될 경우이다.

손 안에 미래의 모든것이 있다

끊긴 운명선이 겹쳐 연결되어 있는 경우

운명선이 끊긴 나이에 무
언가 변화가 일어남을 나
타내고 있는 것이다.

이 변화에 따라 대처하는
지혜가 필요하다. 반대로
상승선이 약하고 꾸부러
져 있으면 운은 약해진다
는 것이므로 준비를 하는
것이 좋다.

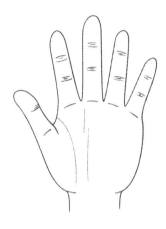

손 안에 미래의 모든것이 있다

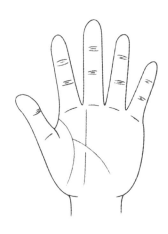

하는 일이 처음 시작하여 지금까지 무리 없이 진행해 왔더라도 운명선이 끊긴 때에 가서 운세가 하강하는 것을 의미한다. 가정적인 불행이나 사업의 실패, 돌발적인 재난 등을 맞게 됨으로 인생에 큰 지장이 초래됨을 나타내고 있어 대비하는 준비가 필요하다.

손 안에 미래의 모든것이 있다

손바닥 가운데에서 출발하는 경우

젊은 시절에는 자신이 바라는 결과를 얻기 어렵지만 중년 이후부터 운이 열릴 타입으로 두뇌선이 굵을수록 좋다.

손 안에 미래의 모든것이 있다

감정선 위에서 출발하는 경우

말년 운세, 즉 50대 중반 이후가 좋은 상으로, 뜻하지 않은 아이디어나 예감이 적중해서 기회를 잡는다. 말년 이전에는 좋은 운을 보내지 못했어도 인생의 후반기에는 화려한 결실을 보게 될 것이다.

손 안에 미래의 모든것이 있다

이중 운명선이 있는 경우

협력자의 도움으로 성공하게 될 타입이다.

손목 쪽을 초년, 가운뎃손가락 쪽을 말년으로 볼 때 겹쳐 있는 운명선이 나타난 이후부터 훨씬 더 나은 삶이 기다리고 있다고 판단하면 된다.

손 안에 미래의 모든것이 있다

태양선 보는 법

 태양선은 사람의 사회생활에 있어서 행복, 재운, 인기, 명예 등을 나타내는 선이다.

 인기선이라고도 하는 약손가락 하부(태양구)로 향해 상승해 있는 선이다.

 운명선이 그 사람의 운명의 흐름, 세력 등을 보는데 대하여 태양선에는 그 결과가 나타난다고 말해도 좋을 것이다.

 태양선의 경우 다른 손금과는 달리 모든 사람에게 나타나는 것은 아니어서 일단 태양선이 있는 사람은 성공에 가까이에 있다고 보아야 한다. 또 손금은 변하는 것이기 때문에 열심히 노력한다면 지금은 없더라도 나타나는 경우도 있다.

 운명선이 아무리 좋아도 태양선이 좋지 않으면 행운이 있어도 명예 있는 지위라든가 인기를 얻을 수는 없다. 큰 사업가, 예술가, 예능인 등에 확실히 나타나 있다.

 이상적인 태양선이란 손목 바로 위에서 똑바로 약손가락 하부까지 운명선과 평행하게 상승해 있다. 꾸부러지지 않고 확실히 아무 장해, 이상도 없이 새겨져 있을 수록 좋다.

손 안에 미래의 모든것이 있다

금성구에서 상승해 있는 경우

재운도 강하므로 명실 공
히 얻을 수가 있는 좋은
상이다. 작가, 예술가는
이 상이라도 인기를 얻고
좋은 것을 만들 수 있다고
한다.

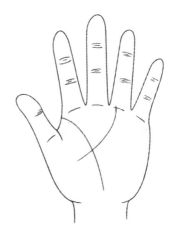

손 안에 미래의 모든것이 있다

생명선에서 갈라져 상승하는 경우

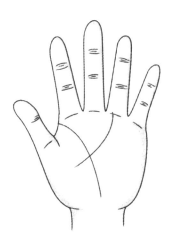

의지가 대단히 강하고 근면한 노력가라 할 수 있다. 자기의 재능, 역량도 있으나 친척이라든가 제 3자의 도움을 받아 문학, 예술 방면에서 성공하는 길운을 나타내고 있다.

손 안에 미래의 모든것이 있다

두뇌선에서 상승하는 경우

머리가 좋고 사교성이 풍부하여 현실사회에 잘 순응해 간다고 할 수 있다. 그 재능을 충분히 발휘하면 명실공히 얻어 성공할 수 있을 것이다. 그 때문의 노력도 필요하다.

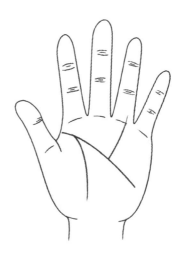

감정선에서 상승하는 경우

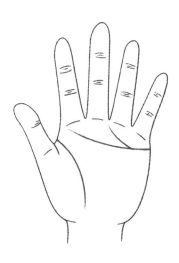

청년, 장년시대에 고생한다. 50대가 되고 부터 재능 수완을 발휘하는 소위 대기만성형이다. 부지런히 일을 해내는 성격이므로 기술, 사무계통에 적합하다. 화려한 세계를 동경해도 어쩔 수 없이 실패할 뿐이므로 자기 자신을 잘 아는 것이 중요하다.

손 안에 미래의 모든것이 있다

제 2화성구에서 상승하는 경우

아무리 힘든 일도 견디어 내는 인내력, 지구력을 가진 성격이다. 운명의 시련을 이겨내고 성공하는 타입이다. 별로 멋진 활동을 하지 않고 모처럼의 찬스를 놓치는 수가 있으므로 조심할 것이다.

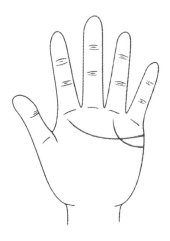

사선이 감정선으로 멈춰있을 경우

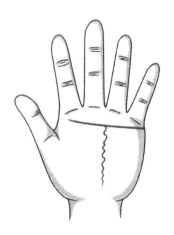

감정의 기복이 심하고 정서불안정한 성격이다. 노력하고 있는 데 친구, 지인으로 부터 호의를 받지 못하고 모처럼의 행운의 길이 막히는 수도 있다.

손 안에 미래의 모든것이 있다

작은 선으로 연결되어 있는 경우

일정한 방침을 지켜내지 못하는 성격으로 이것저것에 손을 대본다든가 생각나는 대로 일을 하여 결국은 도중하차로 끝나고 만다.

중도에서 끊겨 있는 것

상승해 가는 행운, 성공의 운세가 중도에서 좌절함을 나타
내고 있다. 다시 상승하는 선이 강하게 확실히 나타나 있으
면 한 번 실패해도 재기하여 성공을 향해 나갈 수 있다.

손 안에 미래의 모든것이 있다

선이 둘로 갈라져 있는 것

한 가지 일을 철저히 해내지 못하고 이것저것 탐내다가 하나도 얻지 못하는 수가 있어서 조심하는 편이 좋다.

손 안에 미래의 모든것이 있다

결혼선 보는 법

 결혼선이 1개도 없어서 걱정하고 있는 사람도 있을 것이지만 결혼선이 없어도 결혼한 사람은 많이 있다.

 결혼선은 지금 현재의 당신의 연애나 결혼에 대한 기분이 나타나는 선으로, 없는 사람은 결혼에 흥미가 없이 일에 열중하고 있는 상태로 지금은 결혼을 생각하고 있지 않는 사람으로 보아야 하는 것이다. 그러니까, 만약 좋아하는 사람이 나타나 진지하게 결혼을 생각하기 시작하면 결혼선도 나타난다는 것이다.

 결혼선이 없어도 연애나 결혼은 하지만 비교적 간단하게 헤어지는 것으로 본다.

 좋은 결혼선은 수평인 것이 좋지만, 일반적으로 위쪽으로 향하는 선도 좋다고 한다. 결혼선이 위쪽으로 성장해 있거나 또는 결혼선에서 위쪽으로 가는 선이 나와 있으면 이상적인 상대와 연결되거나 결혼에 의해 사치스러운 생활을 하게 된다는 것을 나타낸다.

 결혼은 보다 본인의 노력이 필요하다. 다만 결혼선이 새끼손가락의 아래쪽에서 급히 위쪽으로 성장해 있으면 그것은 다른 의미로 중성적인 성격으로 사랑보다 일을 선택한다는 것을 보여주는 것이다.

 반대로 결혼선이 아래쪽으로 향하고 있는 사람은 항상 상

손 안에 미래의 모든것이 있다

대에게 불만을 느끼고 있어 경우에 따라서는 헤어지는 일도
있다.

이상적인 결혼선

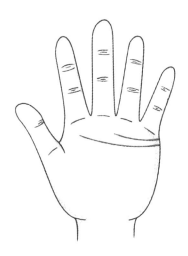

선이 뚜렷하고 아름답게 수평으로 뻗어 있는 상은 좋은 상대를 만나 즐겁고 밝은 결혼생활을 보낼 수가 있다. 또 결혼에 의해 큰 운이 열려간다고도 하겠다. 이 선이 좌우 양손에 있는 경우 가장 이상적인 길운이라 하겠다.

손 안에 미래의 모든것이 있다

조금만 나와 있는 경우

좋은 결혼 상대를 만나지
못할 뿐만 아니라 애정관
계에 있어서도 불안정하여
상대가 있기는 하나 영속
성이 없고 고독한 결혼운
을 나타내고 있다.

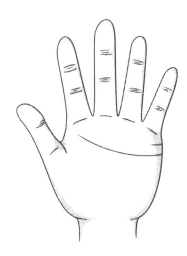

같은 길이의 선이 두 개 있는 경우

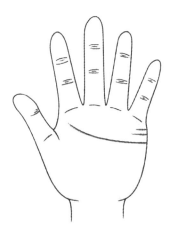

두 개의 확실한 결혼선은 풍부하고 따뜻한 애정생활을 가질 수 있음을 나타내고 있다. 연애와 결혼은 별개라고 하는 것은 이런 점에서도 말할 수 있을 것이다.

손 안에 미래의 모든것이 있다

길이가 다른 선이 있는 경우

각기 길이가 다른 결혼선이 두 개 있는 상은 애정 문제로 삼각관계를 일으키기 쉽다.

강하고 긴 선이 결혼을 나타내고 있으며 만약, 위의 선이 뚜렷하고 강할 때는 정식결혼 전에 이성과의 교제가 있었다고 하겠다. 위의 선이 약하면 결

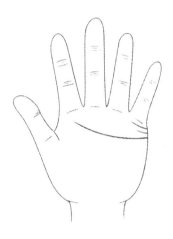

혼 후에 이성관계가 생길 가능성이 강한 상이다.

이런 경우 제 2화성구, 두뇌선이 발달해 있으면 이성의 유혹에 지지 않을 의시의 강인함을 갖고 있다. 그러나 감정선이 흩어져 있다든지 금성구가 너무 융기되어 있으면 이성과의 트러블이 끊임없이 일어난다고 하겠다. 결혼선의 경우 다른 손금도 주의해볼 필요가 있다.

체 개 있는 경우

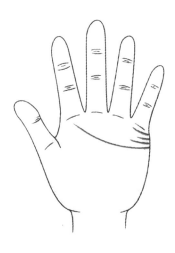

애정이 두텁고 이성에 대해 대단히 친절한 성격이다. 그 때문에 바람을 피운다든가 다정해지는 수가 많다. 감정선이 흩어져 금성구가 지나치게 융기되어 있으면 이성관계는 다양해진다. 두뇌선이 뛰어나면 트러블이 있어도 잘 처리하고 발전해 나가는 타입이다.

손 안에 미래의 모든것이 있다

끝이 손바닥 중앙으로 하강해 있는 경우

좋은 선이라고는 할 수 없다. 애정이 부족하다던가 냉정해서 결혼생활에 피리어드를 찍는다고 할 수 있다. 애정이 아니면 상대에 돌연한 변화라든가 사건이 생겨 결혼생활이 끝남을 나타내고 있다. 내연, 동거도 같다고 할 수 있다.

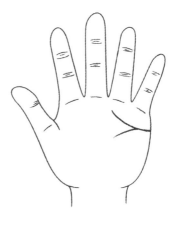

끝이 가운데 손가락 아래로 상승해 있는 경우

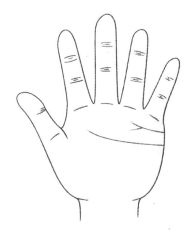

애정에 민감한 신경을 갖고 있는 성격으로. 조그만 일에도 악의로 생각한다든가 의심한다든가 상대를 괴롭히고 자신도 괴로워 결국은 결혼생활의 파경을 초래한다.

만약 금성구가 이상할 만큼 융기해 있으면 애정과다가 원인으로 트러블이 일어난다.

손 안에 미래의 모든것이 있다

상향의 사선이 있는 경우

자상한 애정의 소유자로 부부사이가 화목하고 경제적으로 여유가 있는 안정된 결혼생활을 보낸다.

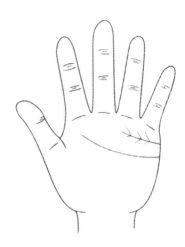

하향의 사선이 있는 경우

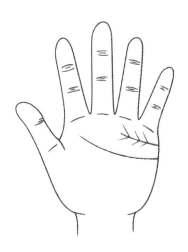

배우자가 허약하다던가 큰 병을 앓는다든가 하여 쓸쓸한 결혼생활을 나타내고 있다.

손 안에 미래의 모든것이 있다

끝이 두 가닥으로 갈라져 있는 경우

이혼 또는 별거생활을 하
게 됨을 나타내고 있다.
끝이 두 가닥 모두 하향해
있는 경우는 더욱 강하게
나타낸다고 할 수 있다.
아래의 한 가닥이 밑으로
향해 길게 뻗고 감정선에
접하고 있는 경우에는 상
대와 아무래도 헤어지지
않으면 안될 운명이다.

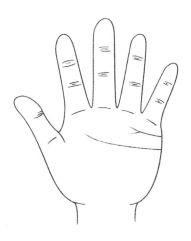

이 밖에 끊긴 데가 있는 경우는 순조로운 결혼생활이 애정
문제로 중단되고 만다.
짧은 선이 많이 있음은 건전한 가정생활을 되지 않는다.
쇠사슬처럼 되어 있는 경우는 결혼에 의해 인생이 마이너
스된다고 할 수 있어 결혼에는 어울리지 않는 상이다.

손 안에 미래의 모든것이 있다

희망선 보는 법

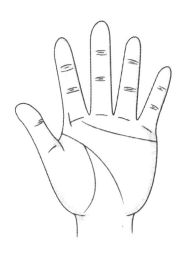

희망선은 집게손가락 밑의 목성구에 나타나 있는 선으로 집게손가락을 향해 상승하고 있는 강한 선으로 희망을 실현할 수 있는가 없는가를 나타내는 것이다.

남자의 경우 이 선이 없는 것은 활기, 패기가 결핍된 것임을 말한다.

손 안에 미래의 모든것이 있다

이상적인 희망선

하나의 강한 선이 뚜렷이 나타나고 흩어지지 않은 것이 이상적이다.

언제나 큰 것으로 구해 전진해 가는 길상이다.

손 안에 미래의 모든것이 있다

몇 개의 장단의 선이 나와 있는 경우

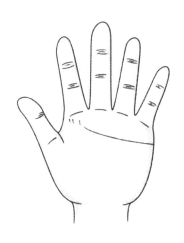

 바라는 것이 많고 온 몸 가득히 야심으로 차있다. 그러나 너무나 넓게 손을 벌리기 때문에 방황이 생겨 성공하지 못하는 타입이 많은 듯 하다.

 한 가닥이나 두 가닥, 길고 강한 선이 뚜렷이 나와 있는 경우는 하고 싶은 일을 스스로 나서 그 심혈을 위해 전진하는 강한 성격이다.

손 안에 미래의 모든것이 있다

희망선 위에 십자가 나와 있는 경우

생각지 않게 소망이 달성되는 길상이다.

선 바로 곁에 십자, 또는 *와 비슷한 선이 있는 것은 야심, 희망이 달성됨을 나타내고 있는 길상이라 하겠다.

만약 선이 횡선으로 중도에 끊겨 있는 경우는 희망이 장해, 방해에 부닥쳐 중절되는 수가 있음을 나타낸다.

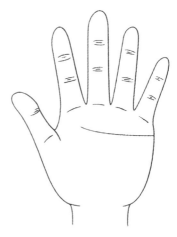

남녀의 애정문제 보는 방법

 부감정선은 감정선 위에 있으며 집게손가락과 가운데손가락 중간에서 약손가락과 새끼손가락 사이로 달하는 활모양의 선이다.
 이 선은 섹스에 빠진다든가 섹스를 멋지게 리드할 수 있는 성격인가 등 성적인 것을 본다.

 이 선은 다른 선과 달라서 분명하게 나와 있는 경우는 적고 대부분이 가늘고 희박한 선이다.
 에로스의 선이라고 하듯이 이 선이 있는 사람은 호색, 육욕적이라 보고 있으나 정신적인 면을 말하는 것이다.
 운명적으로는 다른 선만큼 중요하지는 않으나 애정문제, 남녀관계를 보는 데에 중요하다.

손 안에 미래의 모든것이 있다

이상적인 부감정선

집게손가락과 가운데 손
가락 사이에서 약손가락과
새끼손가락 사이로 뻗는
것이 이상 금성구가 적당
히 융기되어 있음은 도덕
적이고 종교적 관심이 강
함을 나타내고 있다.

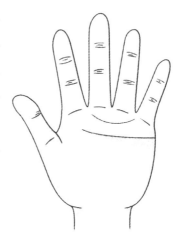

부감정선이 결혼선과 접촉되어 있는 경우

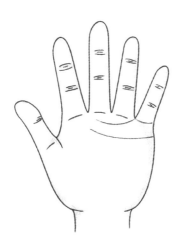

불륜의 사랑에 빠지기 쉽고 트러블을 일으키기 쉬운 성격이라 할 수 있다. 또 두뇌선이 좋지 않은 경우는 상대의 입발림에 놀아난다든가 애욕에 눈이 어두워 인생의 톱니바퀴 일부가 부조화를 이룬다는 것을 나타낸다.

손 안에 미래의 모든것이 있다

조각 조각으로 되어 있는 경우

성적으로 약간 이상하며 바람기를 나타내고 있다.

남자의 경우, 성적 트러블을 일으키는 성격이고 여자는 신경질 등을 나타낸다.

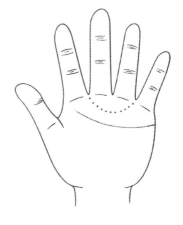

여러 가닥으로 나타나 있는 것은 호색으로 정사에 의한 실패를 일으키기 쉬운 성격이다. 섬이 있는 것은 정열적인 성격으로 애정에 좌우되는 경향이 있다.

■ 저자 최이윤 ■

· 저서 : 사주 길라잡이
택일 보감
이름 감정
십이지 편람
관상백과
얼굴점으로 사람의 성격과 운명을 알 수 있다

부자되는 손금은 따로 있다?
대박손금

2022년 8월 10일 인쇄
2022년 8월 15일 발행

저 자 최이윤
발행인 김현호
발행처 법문북스(일문판)
공급처 법률미디어

주소 서울 구로구 경인로 54길4(구로동 636-62)
전화 02)2636-2911~2, 팩스 02)2636-3012
홈페이지 www.lawb.co.kr

등록일자 1979년 8월 27일
등록번호 제5-22호

ISBN 979-11-92369-30-3(03180)

정가 18,000원

이 도서의 국립중앙도서관 출판예정도서목록(CIP)은 서지정보유통지원시스템 홈페이지(http://seoji.nl.go.kr)
와 국가자료종합목록 구축시스템(http://kolis-net.nl.go.kr)에서 이용하실 수 있습니다.